日本大学法学部教授
秋山 和宏 ［編著］

Contemporary Political Process
現代政治過程

石川晃司
石突美香
入江正俊
椙沢栄一
笹岡伸矢
芝田秀幹
杉守慶太
田才徳彦
照屋寛之
宮本満治

［著］

三和書籍

はしがき

　本書は政治過程の全体像を理解することを目指し、以下の4部構成とした。

　「序章」においては、政治の意義・実態・目的・課題について考察し、さらに問題提起した。

　「第Ⅰ部　政治の原理・理念」では、現代大衆社会の前提をなす近代政治の原理と理念について学び、次いで、現代における「大衆社会化状況」の問題点について検討した。ここにおいては特に、社会を維持していくために不可欠である「政治権力」について理解を深めることが重要である。

　「第Ⅱ部　政治の制度・仕組み」では、執政制度と議会制度について学び、政治の行方に大きな影響を与える選挙制度について考察した。

　「第Ⅲ部　政治過程」では、有権者・政党・圧力団体・政治家・官僚といった政治行為の主体（アクター）が、さまざまな政治制度を背景にしながら、どのように世論形成や立法、予算編成といったプロセスに関与し、どのような流れで政策形成・実施がされていくのかを述べた。

　「第Ⅳ部　現代政治の諸問題」では、グローバリゼーションによる国家の役割や機能および社会構造の変化、また、それによって求められる新たな民主主義について考察した。最後に日本政治の諸問題についてふれたが、ここでは上記の諸理論をふまえつつ、一人ひとりが有権者の立場から、わが国の政治にどのように対処すべきかに関心を注いでいただきたい。

　本書は、大学の半期講義にも対応できるよう全15章（15回分）とした。また、本書においては、政治の一般理論が中心となっているが、まさに激動・変革期を迎えた「日本政治」についても逐次言及している。本書が「政治とは何か」を学ぶ学生の一助となれば幸いである。

秋山和宏

現代政治過程　目次

序章　政治とは何か……1
　1．政治についての見方・考え方……1
　2．紛争と政治……3
　3．政治と権力……6
　4．政治観……8
　5．政治の形態……10

第Ⅰ部　政治の原理・理念

1章　近代政治の原理と理念……15
　1．中世から近代政治へ──自由主義と民主主義の胎動……15
　2．自由主義と社会契約論……16
　3．自由主義と民主主義、権力分立──アメリカ合衆国の場合……19
　4．議会改革と政治参加──イギリスの場合……23
　5．近代政治における自由と平等の課題……25

2章　政治社会の変貌……27
　1．市民社会の成立と特質……27
　2．市民社会から大衆社会へ……31
　3．大衆社会の特質……33
　4．現代の政治社会──日本を振り返って……35

3章　政治権力……39
　1．政治権力とは何か……39
　2．政治権力の様態……41
　3．政治権力の機構……45

4．政治権力と権威・威信・政治的神話の関係 ·················· 48
　　5．政治権力の特色 ·· 50

第Ⅱ部　政治の制度・仕組み

4章　政治の制度・仕組み ·· 55
　　1．政治制度とその仕組み ·· 55
　　2．日本の政治制度 ·· 62

5章　選挙制度 ·· 69
　　1．選挙制度とは何か ·· 69
　　2．選挙制度と政党システム ··· 75
　　3．現代日本の選挙制度 ·· 80

第Ⅲ部　政治過程　A．アクター／B．プロセス

6章　政治過程の概説 ·· 85
　　1．政治過程とは ·· 85
　　2．アクター ·· 86
　　3．政策実施過程 ·· 94

7章　有権者 ·· 99
　　1．有権者の年齢 ·· 99
　　2．有権者の社会的属性と支持政党・投票率 ························ 102
　　3．有権者とメディア ·· 105
　　4．有権者と政治意識 ·· 108

8章　政党 ·· 113
　　1．現代政治における政党の意義 ······································ 113
　　2．政党の定義 ·· 114
　　3．政党の活動・機能 ·· 116

4．政党制 ································· 118
　　5．民主党の誕生——政権獲得までの道程 ······· 121
　　6．民主党の派閥 ···························· 124
　　7．民主党政権下の政・官のあり方 ············ 125

9章　圧力団体 ································· 129
　　1．圧力団体の概念 ·························· 129
　　2．圧力団体の機能 ·························· 131
　　3．圧力政治の問題点 ························ 132
　　4．アメリカ圧力団体の活動の現状 ············ 134
　　5．わが国の圧力団体 ························ 138

10章　政治家と官僚 ····························· 143
　　1．政治家の役割 ···························· 143
　　2．わが国の政治家の特徴 ···················· 145
　　3．政治家に求められる資質 ·················· 146
　　4．官僚（制）とは何か ······················ 148
　　5．日本の官僚（制） ························ 150
　　6．官僚の行政指導による民間・自治体支配の現状 ··· 153
　　7．政治主導と官僚主導 ······················ 153

11章　世論形成過程 ····························· 157
　　1．世論とマスメディア ······················ 158
　　2．日本における世論・マスメディア・政治：
　　　　2005年と2009年の総選挙 ················· 166

12章　立法過程 ································· 171
　　1．イギリスにおける立法過程 ················ 171
　　2．アメリカにおける立法過程 ················ 173
　　3．日本における立法過程 ···················· 175

13章　予算編成過程 ····························· 185
　　はじめに ···································· 185

1．予算の基本事項 186
2．予算編成過程 187
3．小泉政権における予算編成過程 190
4．民主党政権における 2010 年度予算編成過程 193
　おわりに 197

第Ⅳ部　現代政治の諸問題

14 章　グローバリゼーション 201
1．グローバリゼーションとは何か 201
2．グローバリゼーションと国家の変容 206
3．グローバリゼーションの課題 211

15 章　日本政治の諸問題 215
1．理念なき政治 215
2．政治文化の観点からの問題点 217
3．政治制度の観点からの問題点 219
4．政治過程の観点からの問題点 220

　索引 223

序章　政治とは何か

> **本章のねらい**
> ・政治の意義について考える
> ・政治の実態について考える
> ・政治の目的について考える
> ・政治の課題について考える

1．政治についての見方・考え方

　われわれの多くは「政治は自分に関係ない」と思っているが、果たしてそうなのだろうか。むしろわれわれは周囲を政治に取り囲まれ、政治と深くかかわりながら日常生活を送っているといった方がよい。日々の新聞やテレビのニュースに目をやると、そこには「政治」のみならず政府、政党、政局、政権、政策、政争等々、「政治」に関連のある言葉が飛び交っている。また、そもそもわれわれの一生は役所への出生届に始まり、死亡届に終わるのであり、日常生活面で考えてみても、景気、物価、雇用、食糧、道路、公園、上下水道、教育、医療、福祉、年金、安全保障、治安、危機管理、選挙、税金等々はいずれも政治の働きの一部をなしている。このようにわれわれは「ゆりかごから墓場まで」政治とは無縁でいられないのが実状である。

　それでは改めて「政治」とは何か。われわれは普段、政治という言葉を何げなく使っているが、その意味を明らかにしようとすると、実は非常に難しい。なにせこの問いは人類最古の学問とされる政治学が常に答えを求め続け、いまだになし得ない、いわば永遠のテーマともいうべきものだ

からである。なぜ難しいかは「政治についての定義は政治学者の数ほどある」という言葉にも示されている。つまり政治学者の間にさえ政治について認識の一致が得られているわけではないということである。何千年の歴史を有する政治学がこのような基本的な問いに一致した答えをいまだ見出せないのは政治学者の無能か怠慢か。恐らくどちらでもないだろう。その理由は、政治が人間によって行われるものであることから、政治現象は必然的に理想と現実、合理性と非合理性、善と悪、タテマエとホンネといった両極端の複雑な様相を呈するため、認識に一致や法則化が容易でないということにある。さらに人間の認識能力の不完全さにも起因する。すなわち人は誰でも自らの社会的立場から政治を認識したり判断したりせざるを得ない。もちろん最大限そうした拘束から自由であることが求められるが、こと政治に関しては自分自身の利害にかかわってくる事がらが多いため、客観性が保たれにくい。同様の理由で政治用語（たとえば国家、階級、権力）も価値中立的であり得ない。要するに政治学が研究対象とする政治なるものは非力な人間にとって途方もなく巨大で複雑な怪獣ともいうべき代物なのである。このことを実感しながら、あえて怪獣の正体解明に挑んでいるのが政治学である。

「政治とは何か」を考察していくために、まず前提条件として（1）政治は「人間」にかかわる現象である、（2）人間は「社会」を作って共同生活をする、（3）社会を維持していくために「権力」が不可欠とされる、点を確認しておく必要がある。そこから「政治とは権力による社会作り」との最低限の定義をした上で、説明を続けよう。

かつてアリストテレスが人間を社会的動物と指摘したように、人間は孤立して生きることはできないし、社会においてのみ人間として生きることができる。このことは古代ギリシアの都市国家においても近代市民社会においても、さらには現代のような巨大で複雑な大衆社会においても同様である。人間が生存していくためのさまざまな欲求は社会においてのみ満足させられるのである。人々はそれぞれ家族・学校・会社・組合・各種の団体・地方公共団体・国家などの諸組織（部分社会）の中で、一定の役割を分担しながら、共同生活の場である社会の一員として暮らしている。そし

てどの共同社会もその目的を達成し、人々に豊かさや安定をもたらしていくためには、構成員が平和的に共存できるように秩序が保たれねばならない。しかし理由はあとで述べるが、現実の社会においては、さまざまな要求や利害の対立・紛争はあとを絶たず、放っておけば秩序はたちどころに崩壊する。そこに政治の必要性が生じてくる。

　本来社会は自然に維持されているわけではない。維持するための働きや仕組みがあって維持されているのである。たとえば家庭におけるしつけは、親が、将来わが子が社会生活に適応できる人間になることを願って、行うものである。またそれ自体小さな社会である学校において、教師は生徒にルールに従った社会生活の必要性を教える。さらにマスメディアの伝達する情報も、秩序の維持を前提としているから、人々の社会維持の意識を強化する役割を果たしている。しかし社会全体から見ると、さまざまな要求や利害の対立・紛争は不可避的に生ずるから、これらの働きだけで社会を形成し維持することはできない。社会作りはいうに及ばず、社会を毀損しかねないほど激烈な利害の対立や紛争に対処するためには、より高度に組織された強制力や制裁力（政治権力）によってそれ自体を専門的に行う働きが必要となる。まさにそのような機能を担っているのが政治であるということができる。同じく社会維持の機能を果たしているとしても、政治と家庭のしつけ、学校の教育、マスメディアの情報などとの決定的な違いは、社会維持をもっぱらの働きとし、しかも政治権力を用いてこれを行うところにある。このように政治について考える場合、紛争と政治権力が重要な手がかりになるので、次にこれらの説明に移ろう。

2．紛争と政治

　今日、国際社会から家庭内まで、地球上のあらゆる社会では毎日紛争が絶えない。これらの紛争の多くは社会の現実や人間の存在そのもの、あるいは人間性に起因すると考えられるから、社会が現状のままである限り、また現状の人間によって構成されている限り、紛争は不可避である。なぜそうなのかを考えてみよう（表 序-1 参照）。

1）人間性と紛争

　人間の特徴として「神と野獣の中間に位置する存在」ということが指摘される。すなわち神であればすべてを理性的に認識し、行動するであろう。また野獣であれば本能に従って行動するであろう。その中間的存在である人間は、相反する理性と本能の両方を不完全なかたちで有するがゆえに、常に両者の葛藤に苦しみ、その行動はきわめて複雑なものとなりがちである。人間は、一方で利害対立を調整・統合し、社会秩序や平和を維持しようとする合理的な側面を持ちながら、理性的存在そのものではないから、他方で私利私欲のために武力行使、謀略、かけ引き、腐敗等、非合理的な行動をとったりする。また人間はものごとを合理的に認識したり予測したりする能力を持つが、完全でないために相互不信、猜疑心、誤解、憎悪、差別や偏見などを生み、これらが紛争や対立を引き起こす原因となる。

2）社会的価値と紛争

　さらに社会に目をやると、そこには富（財貨）、知識、尊敬、威信、健康、名声、愛情、権力など人々の欲求の対象となる「価値」がさまざまに存在している。そして人々はこれらの諸価値を、それぞれに優先順位は異なるにしても、不断に求める。しかしながら、今日の社会はゼロサム社会と称されるように、これらの社会的価値は決して皆に均等に配分される現状にはないから、価値の獲得をめぐって絶えず紛争が生じる。このように価値が有限であり不均等に配分されている現状も、紛争を不可避とする原因となっている。広義の意味での紛争はこうした社会的価値の獲得・維持・増大をめぐって展開される争いであるとされる。争い自体は人間社会に頻繁に生じる現象であり、種々の競争や学問的・イデオロギー的・宗教的な論争などの平和的な段階から小競り合い、さらには戦争のように武力を実際に行使して相手を屈服させようとする段階までさまざまな程度や段階が見られる。とりわけ物理的強制力行使の段階に接近するにつれて争いは激烈な様相を呈し、政治が求められるようになる。すなわち物理的強制力を最後の手段として、その行使または行使の威嚇によって、あるいは相

表 序-1　紛争の要因と領域

領域	要因
紛争領域 主として人間そのものをめぐる	疎外現象 → 精神異常、麻薬、アルコール中毒、無活力、無目的暴力、家族の解体と未成年者の遺棄 社会の一般的平準化 → 現代型差別（非差別集団に対する迫害、難民分離＝独立の要求） 急速な社会変化 → 世代間の断絶、異文化によるショック、宗教組織や犯罪組織、非行グループなどの結成
紛争領域 主として人口をめぐる	人口の増加と都市集中 人口における年齢、職業、居住地域の不均等 遺伝子と性別の操作の技術的可能性
主として生態的環境をめぐる紛争領域	空気、水、海辺、山林、地形の汚染 化学、放射性廃棄物の処置 食糧、鉱物、エネルギー源の不足と枯渇 都市におけるスラム化と交通混雑、事故 農村における過疎
紛争領域 主として情報をめぐる	情報過剰（情報の氾濫） → 情報統制への要求 → 情報の政治的操作 → プライバシーの喪失、プライバシーへの逃避 個人の無力感、参加意欲の減退 無力感の裏返しとしての激しい正義感の噴出
紛争領域 主として経済発展をめぐる	貧困、飢餓、文盲、低生産性、過小雇用 富裕に基づく相対的な窮乏感 個人間、都市―農村間、南北間の所得格差 多国籍企業と移民労働
紛争領域 主として国際平和と安全に関する	戦争と内乱、ゲリラ、ハイジャッカーなど武装集団の誕生 軍備競争 → 核拡散、生化学兵器の開発促進 → 新しい兵器開発技術の宇宙・気象への軍事利用 第三世界への武器輸出→南の国の間の限定的な武力紛争 外国資産の国有化、外国人襲撃

出典：河合秀和『紛争のすすめ』より作成

手の所有する社会的価値の剥奪または剥奪の威嚇によって、紛争を解決していくところに政治の本質的特徴があるからである。

3．政治と権力

　すでに述べたように、政治は権力を用いて人々を統合し、社会を形成・維持・方向づけしていく働きであって、権力の関与こそが政治の際立った特徴をなしている。この意味では政治とは権力の形成・行使・維持にかかわる現象であると言い換えることもできる。

　権力の形成とは、権力を行使する人間（権力者）が決まり、権力行使の組織が作られることである。権力者の決定に際しては、世襲や禅譲などのかたちもあるが、多くの場合し烈な権力闘争が繰りひろげられる。権力闘争は、かつては武力や暴力をはじめさまざまな非倫理的手段による謀略の限りを尽くして行われたが、現在ではおおむね選挙で勝ち負けを争うというやり方がルール化されてきている。わが国を例にとると、日本国憲法によれば最高権力者たる内閣総理大臣は次のように決められる。内閣総理大臣になるには国会議員（特に衆議院議員）であって、国会議員の選挙で選出されなければならない。衆議院議員になるには総選挙で当選する必要がある。したがって権力闘争を勝ち抜く第一歩は対立候補を選挙で打ち負かすことである。同時に、内閣総理大臣は通常議会で最も多くの議席を占める政党のリーダーが選ばれるから、所属政党が第一党になるための努力もしなければならない。当選後は当然リーダーになるための戦いが始まる。それには当選回数を重ねることが重要であり、有権者の支持、同士の結集には資金集め、利益誘導、有効な政策作りなどが不可欠となる。これらはいずれも権力闘争の一プロセスである。

　権力の行使はさまざまな権力的資源を使って相手からの服従を獲得しようとすることで、「強制」、「説得」、「操作」、「権威」などの形態をとる。「強制」は相手を力ずくで、無理やり従わせるかたちで、暴力、軍事力、警察力などの物理的強制力が利用される。「説得」は相手の欲する価値を与えることを条件に相手からの服従を引き出すものである。「操作」はシ

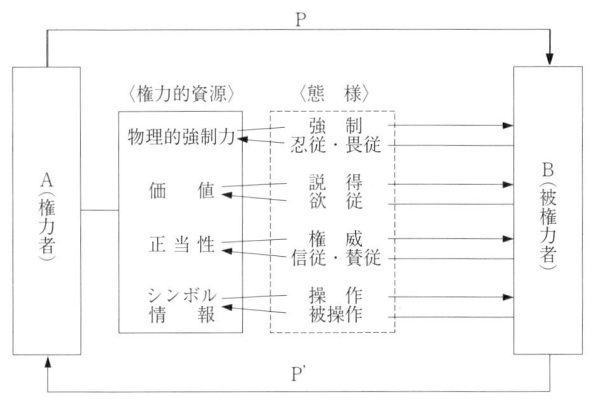

図 序-1　権力関係の態様

ンボルや情報を資源として知らず知らずのうちに相手を従わせるもので、マスメディアを利用することで効果は大きくなる。「権威」は正当性（支配・服従の道義的・倫理的正しさ）を示すことによって作り出される権力関係で、相手からの自発的服従を引き出す点で、上述の権力と同列に論じるには注意を要する。

　権力の行使に関しては、民主政治を標榜する限り、民意の実現を目指して行われなくてはならない。そのため国民の意思をどう汲み上げるかが問題となる。その際最も重要な手段が選挙であることはいうまでもない。選挙は権力者を作り出す儀式であると同時に、民意を政治の場に表出する絶好の機会でもある。このほか審議会や公聴会の開催、世論調査の実施などもあるが、日常的には制度に則らない、不定型なかたちで示される民意が、政治の動向に影響を与える。これは国民→政党（政治家）→議会・行政機関（官僚）、国民→圧力団体・市民運動団体→政党（政治家）→議会・行政機関（官僚）、国民→圧力団体・市民運動団体→行政機関（官僚）、マスメディア→国民→政治意識・世論の形成、といったように主に政党・圧力団体・市民運動団体、マスメディアなどを経由するところに特徴がある。吸収された民意を基に（基づかない場合もある）議会は法律を制定し、行政機関はそれを実施するための政策を策定する。いかなる過程を経

て、どのような法律や政策が作られるかは、まさに権力の綱引きであり、政治そのものである。政策の実施には内閣・行政機関が当たるが、内閣・行政機関によって実施される政策は社会や国民を強く拘束する。

　権力の維持が権力を失うことへの恐怖心に起因するとするなら、権力者は絶えず新たなる権力の形成に腐心し、着々と党内の支持を固め、国民の支持を高めて選挙に勝つための手を打つ。そこには常に全体的利益と部分的利益両方の動機が混在する。ただ現代民主政治の下では正当性の調達が重要とされるから、権力の行使は特徴的なかたちをとる。すなわち、より多くの国民の満足が得られるような、安全で安定した社会を実現する政策を実施することに努める。他方で権力の維持は情報やシンボルを利用し、操作というかたちで知らず知らずのうちに行われる。その際絶大な効果を発揮するのがマスメディアである。政府はテレビや新聞などを通じて情報やシンボルを提示し、権力の維持に有効なイメージを国民の間に作り上げようとする。そこでは国民に好感を持って受け入れられるイメージ作りが重視されるから、提供される情報が必ずしも正しいとは限らない。政府による最大限の情報開示、マスメディアによる厳重な権力監視とともに、国民の側にも高度の情報判断力が要求される所以である。

4．政治観

　「政治をどう見るか」はそもそも範囲も内容も確定されてはいない現状では、さまざまに論じられる。これらを整理すると、政治を主として、いかなる主体によって、どこに発現する現象であると見るか、また広範な政治現象のどの部分を政治の本質として強調するかの違いから生ずるともいえる。前者に関しては、(1) もっぱら国家に限定する国家現象説と、(2) 社会集団にまで拡大して考える集団現象説との間の論争がかつて有名であった。後者の強調部分の違いに関しては、次の5点に大別することができよう。

①紛争には軽度の利害対立から「支配階級」と「被支配階級」の対立といった社会的・経済的関係を背景とした階級間闘争に至るまでさまざ

あるが、中でも特に激烈な対立の様相を呈する組織的・集団的権力闘争や階級闘争を政治の本質と考える。

②政治における権力の存在に着目して、権力の形成・行使・維持を政治の本質と見る。この場合権力を、一方（支配階級、エリート）の他方（被支配階級、非エリート）に対する抑圧・強制手段ととらえるか、全体的利益・公共の福祉実現の手段ととらえるか、で見解が対立する。

③国家レベルの組織や制度に注目して、政治を国家意思の形成・執行にかかわる統治機構、公的諸制度の作用ととらえる。この場合も国家を抑圧・強制の組織と見るか、公共の福祉実現のための組織と見るか、で政治に対する評価が分かれる。

④社会集団の台頭が著しい現代の状況に鑑み、国家レベルの組織や制度より、社会集団の機能を通して政治をとらえようとする。すなわち社会を成り立たせている諸機能の中で、集団内の統制、集団間の利害調整、社会秩序の形成・維持などの働きを政治と考える。

⑤実態としての政治よりは、むしろ本来の理念やあるべき姿としての政治に主眼を置く立場である。そこでは高次の社会秩序形成のための目標達成、全人類的理想・価値（福祉、公正、自由、平和など）の実現に向かう活動を政治と考える。

　権力による社会作りを本質とする政治をどう認識し評価するかには、常に根深い対立が付きまとう。また、そもそも強制を本質とする権力に対する見方が政治認識の違いを生み出す。そこには個人の価値観、信念やイデオロギーのみならず、個人的利害が強くかかわるからである。また作られる社会如何が個人間の利害に大きくかかわる。

　政治学者のデュヴェルジェが国家を双面神ヤヌスに例え、正と邪、聖と俗といった相対立する二面性を強烈に内包していることこそが政治の本質とした。多少長いが、示唆に富む文章なので引用しておこう。

「政治についての反省が生まれて以来、人間は全く正反対の2つの政治解釈の間を迷いつづけている。あるものによれば、政治は基本的に闘争であり戦闘である。権力を握る個人や集団は権力によって社会を支配し

利益を引き出すのである。他のものによれば、政治は秩序や正義を行きわたらせるための努力であり、権力は特殊な要求の圧力に対して、一般利益や公共の福祉を保証するのである。前者においては、政治は少数者の多数者に対する特権の維持に奉仕するとされ、後者においては、政治は共同社会の中にすべての個人を統合し、すでにアリストテレスによって述べられた正義の共同体を実現する手段である、とされるのである。要するに、政治がいかなる時いかなる所においても、相反する価値や感情をふくんでいることこそ、政治の本質であり、その固有の性質であり、その真の意義である。2つの顔を持ったギリシア神ヤヌスのイメージこそ、国家の象徴にほかならないのであり、政治の最も深い現実を表すものである。」(M.デュヴェルジェ、横田地弘訳『政治学入門』)

政治観の対立を生み出す理由は種々あるが、最たるものは政治のもたらす利益の質（私益か公益か）に対する認識の違いであろう。代表的な政治観の1つは、政治とは、所詮は対立する利害をめぐる個人間、集団（階級）間の権力（階級）闘争であり、闘争に勝利した個人や集団が権力を利用して他を抑圧し、自らの利益を実現する社会を作る働きにすぎないと見るものである。もう1つは、社会内に個人間、集団間の利害対立や権力争い（闘争というより紛争）はあるが、権力を獲得した個人や集団が私益ではなく公益、部分的利益ではなく全体的利益のもたらされる社会作りを目指す。それが政治だと見る。

5．政治の形態

実際に政治はさまざまな形態をとって行われるが、社会作りのあり方や権力の程度などを尺度にしていくつかに分類することができる。その際リンカーン大統領の「人民の、人民による、人民のための政治」という有名な演説の件が参考になる。この言葉自体は社会作りにおける権力の源泉、権力の形成・行使の主体、利益享受の主体に言及しながら、これらすべてが人民であるところの民主政治を良しとしているのだが、権力行使の

主体（誰によって社会は作られ維持されるか）および利益享受の主体（誰のために社会は作られ維持されるか）を少数者と見るか多数者と見るかがさまざまな政治形態を導き出す基本的な指標となる。すなわち、権力行使の主体を少数の支配者（権力者、エリート）とする政治（「少数者による政治」）の形態は「統治」であり、多数者（人民、非エリート）とする政治（「多数者による政治」）の形態は「自治」と呼ぶことができる。また利益享受の主体からも異なる政治のかたちを見て取ることができる。それが少数者であれば（「少数者のための政治」）、政治は「私益」の獲得・維持の様相を呈し、多数者であれば（「多数者のための政治」）、「公益」の実現を求めるかたちとなる。これら2つの指標を組み合わせて政治形態を分類すると、「統治」と「私益」の獲得・維持のかたちで行われる政治として専制君主制や寡頭制を、反対に「自治」と「公益」の実現のかたちで行われる政治として民主制を挙げることができよう。さらに「統治」と「公益」の政治形態としては啓蒙専制君主制や貴族制（ノブレス・オブリッジを備えた貴族やエリート官僚による政治）が、「自治」と「私益」の政治として衆愚政治などがある。なお独裁、ファシズム、ポピュリズムなどは国民や大衆の支持を装うが、本質的には「統治」と「私益」の政治といえよう。

　政治を考える際に、「誰が」社会を形成するか（形成の主体）、「どのような」社会を形成するか（形成の理念）、「どのように」社会を形成するか（形成の実態）が問題となるが、これらについての具体的なあり方は社会によって異なるし、歴史的な条件によっても変わらざるを得ない。したがって単に先進国（近代国家）のモデルをそのまま発展途上国に当てはめようとしても無理である。それどころか先進国の現在のシステム自体が最良・最適というわけではなく、社会や歴史の進展に合わせて変えてゆかざるを得なくなってきていることも明らかである。事実、20世紀末以降、近代国家はさまざまな点から揺さぶられており、根本的な変革を迫られている。現代という状況に見合った政治モデルをどのように描くかはわれわれに課せられた重い課題なのである。

　また本章で述べたのは主として1つの国家内における政治である。しか

しながら世界に目を転じると、近年国家間の政治も急速に重要性を帯びてきている。これまでは国際政治は独立した国家を前提にした上で、それらのあり方が論じられることが多かった。依然として、これが重要な問題であることは変わりがないが、事態は大きく変化しつつある。今日、国家間の関係はかつてないほどに緊密化し、また環境問題、世界同時不況、国際テロなど国境を超えたさまざまな問題が発生するようになってきている。さらにはヨーロッパ連合（EU）、多国籍企業、NGOといった超国家的組織や非政府組織も出現し活動の場を広げている。これらの点については今後とも大いに注目しなければならない。今や政治を理解するには国際的・地球的視野が不可欠であることを改めて認識しておく必要がある。

(秋山和宏)

参考文献

H. D. ラスウェル、永井陽之助訳『権力と人間』東京創元社、1954年（1948年）
H. D. ラスウェル、久保田きぬ子訳『政治——動態分析』岩波書店、1959年（1951年）
M. デュヴェルジェ、横田地弘訳『政治学入門』みすず書房、1967年（1964年）
R. A. ダール、高畠通敏訳『現代政治分析』岩波書店、1999年（1991年）

(カッコ内は原著発行年)

＊なお政治について幅広く理解するためには政治学の概説書だけでなく、古典とされているアリストテレス『政治学』、マキャベリ『君主論』、ホッブズ『リヴァイアサン』、ロック『市民政府論』、ルソー『社会契約論』、『人間不平等起源論』、モンテスキュー『法の精神』、J. S. ミル『自由論』、『代議政治論』、トクヴィル『アメリカの民主政治』などを読むことを薦めたい。さらに文学、演劇、映画、絵画、彫刻、音楽、写真などの芸術作品の中には政治を表現しているものも少なくない。これらに接し、別の面から政治とは何かを考えるのも良い勉強になる。また政治は生き物であるから新聞、雑誌などを通して日々の政治問題に関心を持つことは、とりわけ重要かつ有益である。

第Ⅰ部
政治の原理・理念

1章　近代政治の原理と理念

> **本章のねらい**
> ・現代日本の政治を理解するために、現代大衆社会の前提をなす近代政治の原理と理念を考える
> ・政治における自由と平等について考える
> ・国民主権と現代日本の「ポピュリズム」論について考える

1．中世から近代政治へ──自由主義と民主主義の胎動

　自由と平等を目指す近代政治の発展の前提となったのは、封建制社会における2つの歴史的出来事であった。ヨーロッパ中世のキリスト教世界は、身分制を基本としローマ教会を中心とする社会であった。そこでは人間の「自由・平等」という問題は起こり得なかった。したがって、自由と平等を目指す近代政治の成立の前提となる「近代の始まり」には、まずはルネサンスと宗教改革という2つの精神的運動を経なければならなかった。

　14世紀に商業の発達したイタリアで始まり、15世紀以後西ヨーロッパに広まったルネサンスの根本精神は、ヒューマニズム（humanism）すなわち人間主義であった。それは、封建制や教会からの人間の開放、「人間らしい自由な生き方」の追求であった。だが、ルネサンスの運動は、その性格上都市の上流市民や知識人層の範囲にとどまらざるを得なかった。

　一方、ドイツのマルティン・ルターに始まる宗教改革は、ローマ教会を批判して、教会改革や「信仰の自由」を目指す運動であった。そして、この運動によって獲得された信仰の自由は、近代政治の重要な原理である思

想・信条の自由の実現につながっていくのである。

　さらに、この宗教改革は一般民衆にとっての重要な問題である「信仰の問題」であっただけに、広範な民衆を巻き込む大規模な社会運動に発展した。そして、この宗教改革は、「神の前の平等」を唱えて、封建社会の基盤を掘り崩す原動力となるドイツの農民戦争につながり[*1]、17世紀イギリスにおける近代市民革命の中心となるピューリタンを生み出すことになるのである。

2．自由主義と社会契約論

　近代政治の原理の中心の1つは、個人の自由が尊重され、国家は個人の自由を保障するという自由主義（リベラリズム）であった。すなわち、自由主義はそれまでの絶対的権力を打破し、人間の権利と自由（人権）、権力の制限（民主政治の確立）という考え方を生み出すことになったのである。

　ヨーロッパの中世から近代初期にかけては、王の権力をキリスト教によって補強する役割を担う王権神授説が支配的であった。王権神授説は、国王の統治権の根拠を人民の意思によらず、神の特別な恩寵に基づくとする考え方であった。これを克服する形で、自由主義に基づく社会や国家制度を考える自由主義の思想が発展した。そして、自由主義が国家や社会の原理とされていくのは、近代ヨーロッパにおいてだったのである。

　自由主義（用語として成立するのは19世紀であるが）の思想内容は、イギリス、アメリカやフランスの17・18世紀近代市民革命の理念として、またそれらの市民革命を通して発展していった。その先駆けとなったのは、ピューリタン革命（1642-49）[*2]とその後の名誉革命（1688-89）[*3]

(*1) ドイツ農民戦争（1524-25）によって、農奴解放が勝ちとられ、封建的身分制社会から近代社会への前進がもたらされる。このドイツ農民戦争によって中小領主はその勢力を失い、領邦君主という形で権力の集中が進んだのである。この中世の封建的身分制を支える絶対王制に対して、農民層に加えて、商工業や農業の発展に伴い生まれたブルジョアジーが中心となって、「自由と平等」の社会への戦いが開始されるのである。

によってスチュアート絶対主義を最終的に終わらせたイギリスにおいてであった。以来、イギリスでは、「法の支配」の伝統の下に、議会政治を定着させた立憲主義の近代的発展を見ることができるのである。

　こうしたイギリス近代政治をもたらした市民革命には、人間は生まれながらにして自由・平等の権利を持つとする社会契約論の考え方が思想的に大きな役割を果たした。この社会契約の思想を発展させたのが、イギリスのトマス・ホッブズとジョン・ロックであった。彼らの社会契約論は、国家が自由で平等な人々による契約に基づいて成立すると想定することによって、最終的に主権が人民にあることを主張した。

　『リヴァイアサン』(1651) を著したホッブズによれば、国家が成立する以前の状態＝自然状態の下では、平等な人々が自由に自然権を行使し得るので、「万人対万人の闘争」という戦争状態にならざるを得ない。それゆえに人々の自然権＝生きる権利は脅かされる。したがって、人々は自らの生きる権利を守るために契約を結び国家を形成し、それに服従するというのである。ホッブズは国家に絶対的な権力を与えているが、人々には彼らの自然権を守り得ない国家に対しては不服従の権利も認めている。したがって、ホッブズにおいてもあくまでも契約の主体は自由で平等な人々であるので、主権は究極的に人民にあると考えていたといえる。

　また名誉革命の理論的擁護者とされるロックは、生命・自由・財産の3つを内容とする自然権を守るために、社会契約によって国家が作られるとする。主権は契約主体である人々にあり、いかなる政府も議会も、こうした主権を有する人々から権限を信託されているのであって、信託に反することをすれば、人々はそれに対して抵抗する権利を行使し得るのである (『統治二論』1690)。こうした考えから近代政治の原理である国民主権、抵抗権、人権そして権力分立制や議会主義などの考えが導き出されるのである。この考えは、しばしば古典的自由主義の名で呼ばれているので

(*2) 1642年に始まったイギリスの市民革命。チャールズ1世の専制政治に反対しピューリタンを中心とする議会派が、1649年に国王を処刑して共和国を樹立した。
(*3) 国王ジェームズ2世の専制政治に反対した議会が、国王を国外に追放し、その長女のメアリー2世と夫のオレンジ公ウィリアム3世を共同統治者にした。イギリスの立憲君主制の基礎が確立された。

ある。すなわち、17、18世紀に登場した自由主義の内容には、国民主権主義、基本的人権の尊重、法の支配、平和主義など近代憲法に見られる諸原理が含まれているのである。

　近代政治の原理と理念の基礎をなしたイギリスの社会契約論は、その後フランス革命[*4]に影響を与えたルソーに受け継がれていく。ルソーは、「民主主義のバイブル」といわれた『社会契約論』（1762）において人民主権の原理を明確に主張している。彼は議会は全人民の意思を代表し得ないとしてその限界を指摘し[*5]、間接民主制ではなく直接民主制を支持するのである。

　もちろん、当時の思想家たちが近代政治の理念たる人民主権にすべて好意的であったわけではない。たとえば、ロックが主張した社会契約論を批判し、国家の自然主義的な発生を主張するD.ヒュームは、自立性のない人民の同意に基づく統治は、結局専制への道を開くと主張する（小松茂夫訳『市民の国について』岩波書店）。ヒュームは、社会契約による人民主権に対して懐疑的態度をとっていたのである。

　一方、ルソーと同様、フランス革命に影響を与えたモンテスキューは、フランス絶対王制の下で国王への権力集中を廃止、憲政の自由を擁護するために、近代憲法の原則となる権力分立制の理論を展開した。モンテスキューの権力分立制は、執行権を君主に、立法権を下院（平民）に、そして司法権を上院（貴族）に担当させ、これら三権力の抑制均衡こそ近代憲法の理想としたのである。現在の日本では憲法の規定により、立法権は国会、行政権は内閣、司法権は裁判所に与えられている。このように、モンテスキューは民主主義を動かす原理は人民の「平等への愛」にあるとしながらも、結局自由のために人民主権ではなく立憲君主制に基づく権力分立制を擁護するのである（『法の精神』1748）。

(*4) 1789年に始まるフランスの市民革命。国王の絶対制に対するブルジョアや貴族の一部に一般民衆が加わって起こされた。封建的特権の廃棄、人権宣言へと発展。1791年に憲法が制定、1792年王政が廃止された。
(*5) ルソーは、主権は不譲渡、不分割また代行され得ないとして当時のイギリス議会を批判している。（田中浩・桑原武夫・前川貞次郎訳『社会契約論』岩波文庫）。

いずれにしても、これらの思想はアメリカ独立革命[*6]やフランス革命の思想的基礎となり、近代政治の原理と理念を発展させたのである[*7]。

3. 自由主義と民主主義、権力分立──アメリカ合衆国の場合

　今日「自由の大国」とされるアメリカにおいて、自由主義と民主主義は、どのように発展していったのであろうか。アメリカでは近代政治の原理である自由主義は、建国以来体制の原理となっていた。当初から封建的身分制が存在しなかったアメリカ社会の平等性のゆえに、自由主義と平等を目指す民主主義との対立はヨーロッパに比べ鋭いものではなかった。

　イギリス流立憲君主制を採用せず、自由と民主主義を早期に実現したアメリカ合衆国は、独立期前半は、むしろイギリス王権に対し、自由を求めて専制に抵抗する共和主義の考え方が支配的であった。1776年7月4日のアメリカの「独立宣言」の中に見られるように、アメリカ独立に直接大きな影響を与えたのは、イギリス人トマス・ペインであった。トマス・ペインは、ロックの「人間は生まれながらにして自由で平等であり、自然権を持つ」という原則に立っていた。彼は、アメリカ独立戦争が起きると1776年に『コモン・センス（常識）』という匿名のパンフレットを出版し、当時イギリス本国との和解を考えていた植民地の人々に対し、本国からの独立による植民地の利益と世襲君主制拒否の意義を訴えた。すなわち、彼は、共和制の長所を協調することによって、独立して共和国になることがアメリカの利益になると主張したのである。

　ペインによれば、統治者は社会契約によって制定される憲法に基づいて決定される。したがって、憲法は人民主権をあらわす政治上の聖書であると彼は考える。だが、ペインのいう共和制は、モンテスキューやルソーなどが述べていた古代イリシアで見られる直接民主制ではない。彼によれ

(*6) イギリス本国の重商主義政策への反抗に始まり、アメリカの13植民地がイギリスからの独立を達成した革命。
(*7) 1776年トマス・ジェファーソンらによって起草された「独立宣言」の中に、ロックの民主主義思想の影響が強く見られる。

ば、広大な領域を持つアメリカでは直接民主制よりもさまざまな利害を代表し得る議会制がふさわしいのである。議会制こそが新たな民主制の形態であると、彼は主張するのである。そして、権力は人民を代表する議会に集中され、それゆえにここでは、権力の分立は退けられているのである。

だが、実際にアメリカの憲政は、独立革命後10年を経て、新たな展開になる。立法部における多数者による少数者の権利侵害が、批判にさらされた。ここに、自由主義に立ち民主主義を「多数者の専制」ととらえ、立法部への権力集中に対する抑制の問題が生まれたのである。

1788年に発効した連邦憲法は、こうした近代政治の原理を踏まえたものとなった。連邦憲法を擁護する『ザ・フェデラリスト』[*8]は、広大な領域の国家に「pure democracy」ではなくて「republic」が打ち立てられるべきとする。すなわち、代議制を採用するこの憲法は、人民主権の原理に立脚しつつ、「多数者の専制」を防止し、人民の自由と権利を保障する体制を広大な領域において形成し得るとしたのである[*9]。

ただこの時期は、こうした代議制においても、直ちに国民の意思が国政に反映されるものであってはならないと考えられている。まずは自由主義こそが、擁護されるべき原理なのである。人々の意思が直接に議会に反映されることは、「多数者の専制」を招くとして警戒されているのである。いわば、賢明で見識のある「教養と財産」を有する人々が、統治を担うことが理想とされる市民社会における近代政治の理念が表明されているのである[*10]。

[*8] 後に合衆国初代財務長官となるA.ハミルトンは、1787年の連邦憲法案を承認させるために、連邦制の優位を世論に訴えた。そのための、新聞紙上に掲載された彼の論説は、マジソン等とともに『ザ・フェデラリスト』に集められた。
　また、第4代大統領J.マジソンは、領域の広さによって党派の弊害が防止され得るとしている(『ザ・フェデラリスト』10編)。
[*9]「主権は代表されない」として代議制を批判し直接民主制を唱えたルソーの主張が、ここでは斥けられている。
[*10] アメリカ合衆国においては、当初連邦議会の上院と大統領の選挙は間接選挙を採用していた。なお、今日においても大統領選挙は形式的であるが間接選挙を採っている。また、E.バークの、国会議員は選挙区の代理人ではないとする「国民代表の原理」を想起させる。まさに、フランス革命におけるバークの完全民主主義批判に類似しているといえるが、アメリカ連邦憲法の基本原則はあくまでも人民主権にあるのである。

国家権力を複数の統治機関に配分し、権力相互間における抑制・均衡によって政治を行う権力分立制は、アメリカにおける近代政治の基本的原理であり、今日では三権分立を最も厳格に守っているのはアメリカの政治制度である。権力分立制の採用もまた、連邦制における連邦主権と州権との関係と同様に、多数者の専制すなわち議会の専制化の防止にあった。議会における下院（多数者の代表）とそれを抑制する上院（各州の代表者）との二院制によって、立法部が分割された。また、大統領制の採用によって、立法権に対する行政権の強化が図られた[*11]。さらに、裁判官の終身制と違憲立法審査権が付与されることによって、連邦最高裁判所の「司法権の独立」が保障され、立法部への抑制と憲法の擁護が図られたのである。こうした厳格な権力分立制を採用した連邦憲法は、近代自由主義の原理を基本として制定され、いくつもの修正の条項を加えながら今日に至っているのである。

　このように、18世紀後半から19世紀にかけてのアメリカの近代政治は、人民主権の原理に立ちながらも、自由に対する「多数者の専制」、「議会の専制化」の防止という理由によって、権力分立制が採用され、選挙権が制限され、制度的にさまざまな抑制・均衡が施され、「人民の政治参加」としての民主主義に一定の制約が課せられたのである。しかし同時にまた、「ジェファソニアン・デモクラシー（Jeffersonian Democracy）」に見られるように、国家からの州権の擁護、少数意見の尊重などが図られた。

　1800年の大統領選挙でフェデラリストのJ.アダムズを破って第3代大統領に就任したジェファーソンは、後にリンカーンが彼を「アメリカ民主主義の父」と呼んだように、アメリカの自由と民主主義の発展に寄与した。少数意見の尊重・憲法により保障される権利と自由の維持・州の正当な権限の保障などを主張したジェファーソンは、自営農民こそが民主主義の中核だと考えていたのである[*12]。

(*11) アメリカの大統領は議会とは別に選挙され、内閣の長官たちは議員以外から選ばれ、法案提出権や解散権も持たない。「教書」を通じて立法や政策の立案を勧告するにとどまる。大統領には「拒否権」が与えられているが、議会が3分の2以上の多数で再議決すれば、法律案は可決される。
(*12) かつてワシントン大統領下で、国務長官を務めたジェファーソンは農民の共和国を理想社会とし、中央政府の権力の肥大化を警戒し、権力分散・住民自治を説いている。

19世紀になると、アメリカの自由主義と民主主義は新たな段階に入る。1828年の大統領選挙でA.ジャクソンが第7代大統領となり、白人成年男子普通選挙制が、西部各州から全国に拡大された。さらに民衆レベルでさまざまな政治・社会・経済運動を背景に、政治参加と自治の原理が拡大した。教育の場では公立学校が普及し、婦人参政権運動が開始された。さらに、官職交替制が実施され、反特権的な自由企業が発展した。政党運営では、コーカス制（有力メンバーからなる非公式会議）から党大会（convention）制への転換、また現在のアメリカ二大政党制の一翼を担っている民主党の誕生など、政党政治の発展が見られた。これは、いわゆる「ジャクソニアン・デモクラシー（Jacksonian Democracy）」と呼ばれ、アメリカの自由と民主政治の新たな発展の契機をなした[*13]。だが、同時にそこには猟官制度や新たなエリートの支配という状況もまた生まれてくるのである[*14]。

　なお、フロンティア＝スピリット（開拓者精神）が形成されたのもこの時代であって、西部は伝統や家柄などにしばられない実力主義の自由な社会として立ち現れるのである。そして、アメリカの民主主義を発展させ、現代自由主義陣営のリーダーとしての自負もここにその精神的源泉を見ることができるのである。

　その後のアメリカの自由と民主主義は、A.リンカーン大統領による奴隷制廃止などを経て[*15]、女性参政権の実現、公民権問題への取り組みな

[*13] トクヴィルは、アメリカにおける民主主義をフランスと比較しながらその巧みな構造を賛美している。A.de トクヴィル『アメリカにおけるデモクラシー』（第1巻 1835、第2巻 1840）参照。
[*14] 西部開拓の歴史は、また先住民のインディアン抑圧・迫害の歴史であり、ジャクソン大統領時には、1830年にインディアン強制移住法が制定され、インディアンをミシシッピ川以西の土地へ強制移住させる先例がつくられた。
[*15] リンカーンの「ゲティスバーグの演説」（1863年11月19日）。
「87年前、われわれの父祖たちは、自由の精神にはぐくまれ、すべての人は平等につくられているという信条に献げられた、新しい国家を、この大陸に打ち建てました。
……これらの名誉の戦死者が最後の全力を尽して身命を捧げた、偉大な主義に対して、彼らの後を受け継いで、われわれが一層の献身を決意するため、これら戦死者の死をむだに終らしめないように、われらがここで堅く決心をするため、またこの国家をして、神のもとに、新しく自由の誕生をなさしめるため、そして人民の、人民による、人民のための、政治を地上から絶滅させないため、であります」高木八尺訳『リンカーン演説集』。

どのように、紆余曲折を経ながら近代政治の基本的原理である国民の政治参加の拡大の方向に向かう。だが、アメリカは今日、現代大衆社会の下で現実には新たな大衆民主主義の持つさまざまな問題に直面しているのである。

4．議会改革と政治参加——イギリスの場合

　議会政治の発展とともに、イギリスの議院内閣制が確立したのは、19世紀中葉以降のことであった。行政府たる内閣は、議会（特に下院）の信任をその存立の必須条件とすることになった。その背景に、大幅な選挙権拡大があったといえる。

　選挙権は国民が政治に参加する権利つまり参政権のうちで最も代表的なものであるが、ヨーロッパ特にイギリスにおいても、近代政治における民主主義の基本である普通選挙制への道は、決して平坦ではなかった。普通選挙制度の実現には、19世紀に入っていくつかの選挙制度の改革[*16]を経なければならなかった。中でも、1838年から50年代にかけて、普通選挙を要求してイギリスで起こった労働者階級の大衆的政治運動であるチャーチスト運動は、民主主義を目指す運動として注目された。「人民憲章 People's Charter」を要求綱領として掲げたことによって、「チャーチスト」という名称が付されたのであるが、議会への請願を中心に運動は展開された。一時数百万の署名を集め運動の高揚が見られたけれども、目的は達成されなかった。理由として、組織の弱体化、指導理論や戦術の未成熟、有力指導者間の対立などが挙げられるが、決定的には中産階級を取り込んだ支配層の厚い壁があったからだとされる。

　だが、人民憲章にある①成年男子普通選挙権、②秘密投票、③被選挙権の財産資格撤廃、④議員の歳費の支給、⑤選挙区の平等、⑥毎年選挙・毎年開会の6項目は、その後の近代議会改革の重要な項目となり、19世紀

(*16) イギリスにおける選挙権拡大の歴史は、19世紀に入り第一次選挙法改正（1832）、第二次選挙法改正（1867）、さらに84年の改正と続き、20世紀に入り男女普通選挙制が実現した。

1章　近代政治の原理と理念　｜　23

後半から 20 世紀にかけて徐々にではあるが、ほとんどが実現して行くのである[*17]。

なお、選挙権は 20 世紀に至るまでは各国とも財産資格、納税額、性別などにより制限する制限選挙制をとっていた。だが、第二次世界大戦後ほとんどの国々で男女平等普通選挙が採用され、平等選挙、直接選挙、秘密選挙、それに自由選挙という近代選挙の基本原則も確立したのである。

このような選挙権拡大の動きの中で、思想的にはどのような評価が与えられていたのであろうか。

この時代にイギリス議会改革の思想家として注目されるのは、功利主義の基礎を築いた J. ベンサムである。彼は、『憲法典』（1830）で人民主権に基づき、普通選挙制（婦人も含む）を主張した。そして、「最大多数の最大幸福」を実現し得るのは民主主義であるとし、現実にこの民主主義は代議制民主主義でなければならないとし、上院を廃し一院制が主張された。さらに、ベンサムは、その議会は腐敗議会防止のために、任期 1 年の毎年議会が望ましいとしたのである。

一方、ベンサムの思想の影響を受けた J. S. ミルは、団結権の擁護、労働者階級の選挙権拡大や婦人参政権を主張している。ミルは現代の選挙制度のように、究極的にはすべての人が平等に政治に参加する完全な普通選挙制を理想としていた。だが、ミルの時代の現実に照らして、急激な選挙権拡大は、多数者による「優れた少数者」への圧迫につながると、彼は主張した。それを防止するために質の高い民主主義の実現が必要とされた。それゆえに「比例代表制（単記移譲式）」や「複数投票制」の導入を、ミルは求めたのである。彼は現状では選挙権は一定の教育水準にある者、納税負担者いわゆる「教養と財産を有する人々」に限定するのが賢明であるとし、労働者などの国民教育の普及が当面の課題であるとした。世論などの社会的横暴いわゆる「多数者の専制」へのミルの警戒感が見られるので

(*17) この 6 項目は、1928 年男女普通選挙権、1872 年秘密投票制、1858 年財産資格撤廃、1911 年議員の歳費支給、1885 年小選挙区制、1911 年議員の任期 7 年から 5 年に短縮、1883 年腐敗違法行為防止法制定などと実現したのである。

ある（早坂忠他訳『世界の名著38　ベンサム、ミル』中央公論社）。

このように、普通選挙への動きについて原則的に容認しつつ、なお民衆の政治参加に対しては慎重な態度が見られるのである。

5．近代政治における自由と平等の課題

19世紀に入り、自由主義に対するさまざまな批判やマイナス評価が生まれた。

市民革命で獲得された近代政治の理念である自由と平等の問題は、19世紀においては自由と平等をめぐる思想的衝突という形で現れた。近代市民社会における平等は、政治的平等にとどまり、とりわけ産業革命[*18]以降に生まれた大量の労働者や勤労者に対する社会的・経済的平等の実現には至らなかった。各個人の諸自由を第一とする近代の自由主義の社会は、その国家形態として、いわゆる立法国家、夜警国家などといわれるような消極国家、「安価な政府」（今日では日本でも盛んにいわれる「小さな政府」）の状態を現出した[*19]。国家は外からの侵入を防ぐ国防と国内の治安維持に努め、国民の私有財産を守るという必要最小限の仕事だけを行うという考えである。社会は自由放任の社会であり、当然「弱肉強食」の状態を生み出すことになった。一般庶民にとって経済的裏づけのない自由と平等は形式的なものにならざるを得なかった。それは必然的に、社会的・経済的な実質的平等を求めるいわゆる「社会主義」の思想と運動を現出することになったのである。社会主義の運動は、空想的社会主義からマルクスらの科学的社会主義（共産主義）へと展開していくのである。

一方、イギリスの思想家たちに見られたように、また、アメリカの連邦

(*18) 1770年代にイギリスに始まり、19世紀前半には各国に拡大した技術革新による産業上の諸変革。経済・社会構造の大変革が生じた。特に手工業生産に代わり大工場が成立し、大量生産が可能となり、人口の都市への集中が始まった。
なお、19世紀末の重化学工業の発展による大量生産大量消費の社会の登場を生み出した産業変化を第二次産業革命と呼んでいる。
(*19) 近代市民社会における国家像としての「夜警国家」「立法国家」に対して、現代大衆社会においては「福祉国家」「行政国家」と称されている。

憲法（1788）をめぐる論争の中で、「多数者の専制」が問題となったように、人民を主権者とする完全な民主主義に対する不信感が常に存在した。

だが、20世紀半ばに入って、先進国での普通選挙制の導入は、有権者として国民の政治参加を法的に保障することになった。有権者の飛躍的拡大をもたらした大衆民主主義の登場である。そして、民主主義の発展に伴い、先進国にかつてない経済的成長と繁栄がもたらされた。

しかし、それはまた経済的格差やさまざまな社会問題だけでなく、「政治とカネ」の問題等の政治的問題も生み出した。とりわけ、「屈折型無関心」といわれる現代的な「政治的無関心」、「棄権の増加」などが、現代政治の病理現象の1つとして大きな問題とされてきている。

もちろん選挙における「棄権」が即座に政治的無関心を意味しているわけではない。無党派層の増大は顕著であるけれども、わが国では選挙の争点や各政党間の対立によっては、高い投票率を記録し政局を左右している。低迷する日本社会の克服に、政治への国民の期待（ほとんどが失望に終わるのであるが）は決して小さくない。日本では戦後初の選挙による自民党から民主党への政権交代が実現し、無党派層の投票行動が劇的な政治的変化をもたらす可能性を示した。しかしながら、「新しい政治を」との声が強まる一方で、「世論政治」への警戒感や現代ポピュリズム論などが、また表明されているのである。

（入江正俊）

参考文献

ホッブズ、水田洋訳『リヴァイアサン』岩波書店、1982年
ロック、鵜飼信成訳『市民政府論』岩波文庫、1968年
ルソー、桑原武夫・前川貞次郎訳『社会契約論』岩波文庫、1954年
山田英世『ベンサム　センチュリーブックス　人と思想16』清水書院、1967年
J. S. ミル、水田洋訳『代議制統治論』岩波文庫、1997年
佐々木毅『民主主義という不思議な仕組み』ちくまプリマー新書、2007年

2章　政治社会の変貌

> **本章のねらい**
> ・市民社会と自由主義の関係について理解する
> ・市民社会と大衆社会を対比的にとらえ、大衆社会の持つ問題点を明確にする
> ・民主主義および民主政治の意味についてもう一度よく考える
> ・現代日本における「大衆社会化状況」の問題点について考える

　私たちは前章で近代政治の原理と理念として自由主義と民主主義を中心に取り上げて論じたが、本章ではそうした原理や理念を政治社会との関連でとらえてみる。私たちが生きている現代の政治社会は大衆社会と呼ばれるが、これは市民社会が変質したものであり、したがって、市民社会について知らなければ大衆社会を理解することはできない。

1. 市民社会の成立と特質

1）市民の登場

　近代という時代は絶対王政の時代とともに幕を開けるが、今日に引き継がれるような近代の政治原理が形成されるのは、市民階級が絶対王政を革命などによって打ち倒し政治主体となったとき、つまり市民社会が誕生してからである。この市民階級とは何か、市民社会とは何かについて振り返ってみよう。というのも近代の政治原理は、この市民社会や市民階級の特質と大きな関連があるからだ。

　近代に入り産業が進展するにつれて、この産業を中心的に担い一定の財

産を形成する人々が出現する。当初は、国王とこれらの人々との間には力の圧倒的な差があったが、これらの人々は徐々に力をつけ、ついには国王に対抗するに至る。ここに至って、絶対王政や封建制に依拠する特権階級に対して異議を唱えた、これらの産業資本家・商業資本家・知識人などが、市民階級と呼ばれる1つの階級を形成することになる。彼らは一定の財産を所有しており、その所有する財産に基づいて一定の教養を身につけていた人々と想定される。

　国王と市民階級の争いは国によってさまざまな現れ方をすることになるが、典型的なのは市民革命である。もちろん、市民革命もさまざまであり、その典型例とされるイギリス革命とフランス革命とでもその性格も大きく異なる。だが、この絶対君主と市民階級の争いにおいて、市民階級が勝利する、あるいは主導権を握るという構図自体は、共通している。ここに至って、市民階級が政治主体となる社会、市民社会が出現する。そしてこの市民社会において、現在私たちが使っている政治の制度や思想の基本が生み出されてくる。だが注意すべきは、ここでいう市民とは、先ほど述べたように、絶対王政下における産業振興政策によって一定の財産を形成した階級を意味しており、全人民ではない。逆にいえば、市民が政治の主役に躍り出たとはいっても、市民以外の下層民、貧民は相変わらず政治から除外されていることを意味する。異質なものを排除することによって市民社会は成立している。別の表現をすれば、市民社会は全人民の利害ではなく、市民階級という個別の利害を反映したものである。

　市民革命の総決算といわれ、市民革命の典型といわれたフランス革命を取り上げて考えてみる。イギリス革命の場合は、国王対議会（ブルジョアジー）という対抗の構図であったが、これとは異なり、フランス革命は全人民的な規模で戦われた。この革命には市民階級のほかに、パリの下層民や下層農民までもが参加したのである。しかし、市民階級と下層民とでは、革命に参加する背景が異なる。市民階級の利害を考えれば「財産を奪うな（所有権の自由を！）」ということになるであろうが、下層民たちにすれば奪われるような財産はないわけで、「パンを与えよ」という人間としての生存にかかわる要求から参加していた。その展開過程の中で、革

命において謳われた自由や平等が形式的なものであり、実際には階級差別を撤廃するものではないことが明らかになっていった。革命の勝利において、市民階級は解放され政治的主体の地位についたが、下層民たちにはなんらの恩恵もなかった。フランス革命を典型とする市民革命は、封建的体制を資本主義的産業体制に組み替えようとする政治革命であり、これによって解放されたのは市民階級（ブルジョアジー）であり、革命を一緒に戦った都市下層民、賃労働者、農民は解放されずに残ったのである。

革命の後には、勝利の宣言文である「フランス人権宣言」が出される。ここには、人類（人間一般）の視点で書かれた部分もあるが、実際の運用にあたっては市民しか念頭におかれていないところも多い。たとえばその第1条では「人は生まれながらにして自由にしてかつ平等な権利を有する」とあり、人間一般の視点に立っているが、そのあとの部分では平等の方は後景に退き、さまざまな自由権が前面に押し出されてくる。これは明らかに市民階級の利害を反映している。

2）市民社会の特質

市民社会は市民階級が政治主体として君臨する政治社会である。そこでは市民階級の利害を中心に政治・法・経済の仕組みや制度が形成されている。自由主義、民主主義、立憲主義、権力分立、国民主権といった近代の政治原理・理念はいずれも市民階級の利害を反映したものである。

①自由主義

市民革命は絶対王政から市民階級の自由を獲得するための戦いであった。市民階級が求めた自由の内実としては宗教的自由、政治的自由、経済的自由があるが、いずれにしてもひとたび絶対王政を倒した市民階級は、自らの自由を阻害するような絶対的な権力が再びできることを阻止しようとして、権力分立制を考案した。権力を司法・行政・立法の3つに分け、相互に監視させ均衡を取ること（checks and balances）によって権力の肥大化を防ごうとしたのである。

国家の役割は司法と警察の機能に限定されるべきであり、市民階級の経

済活動に対して国家は口出ししないのが理想とされ、自由放任主義が主張された。いわゆる「夜警国家」であり「必要悪（necessary evil）としての政府」という考え方である。また、市民階級の利害を反映するところがあったから、所有権の自由も強く主張されることになる。

近代憲法の制定、さらには立憲主義（constitutionalism）も、この自由主義の主張から出てくるものである。国家権力を憲法の制約下におき、国政を憲法に従って行うという立憲主義は、たしかに国家権力に法的根拠を与えるものであるが、同時にそれを制限する原理も含んでいるのである。

②民主主義

前章でも論じたが、ロック、ルソーらの社会契約説に見られるように、権力の成立根拠は市民あるいは人民の合意にあるとする考え方が大きな支持を受けた。これは支配者と被支配者の同一性を主張するものであり、民主主義（民主政治）の原理にほかならない。この民主主義から国民主権といった派生原理が出てくる。

しかし、注意すべきは、民主主義とはいっても、実情は形式的なものにとどまっていることである。ここでいわれている「民」は全人民の意味ではなく、市民の意味であって、完全なる民主主義ではない。20世紀に普通選挙制度の実現とともにもたらされた大衆民主主義との対比でいえば、「市民」民主主義とでもいうべきものである。

市民階級が覇権を握ると、無産者層、下層民の弾圧にかかった。いかにも革命では自由や博愛と並んで平等が主張された。しかし、政治的な平等が保障されれば次には経済的な平等が要求されるのは自然の成り行きである。経済的平等をすべての人々に保障することは経済的「自由」の死活問題になる。この意味では、自由と平等は背反概念であり、自由の領域を大きくすれば平等の領域は小さくなる。自由を第一に重要なものとして標榜する市民階級からするならば、これは容易に譲ることのできない一線であった。

政治的不平等は制限選挙制に現れる。すなわち納税額によって選挙権の有無が決められた。納税の義務を果たしていない者は政治に対して参加す

る資格を認められないとされた。多くの人々は依然として政治的には無権利の状態に置かれていたのである。

　この政治的不平等は、しかし、選挙民の高度な同質性を保障することになった。一定の財産を有し、一定の教養を有し、利害関係もある程度共通している——こうした人々から選出される代表者たちは文字通り選挙民を代表し、議会は議論を尽くすことによって納得できる一定の結論を導くことが可能となる。つまりこのような政治的不平等があって政治的主体の同質性が確保され、それによって代議制民主主義が曲がりなりにも機能していたということである。大衆社会の国家においては行政府が巨大になる傾向を持つが、市民社会の国家においては立法府が最も重要視されたゆえんである。

2．市民社会から大衆社会へ

　19世紀に入ると、ヨーロッパ大陸部においても産業革命が進展し、機械制工業、重工業が盛んになってくる。この産業革命は2つの側面で大きな政治社会変動をもたらすことになった。

　(A) 1つは、生産力が飛躍的に拡大し資本主義的生産様式が確立していく過程で、資本の合理的編成が行われ寡占化＝独占資本が形成されたことである。経済発展は一層加速化されることになる。それとともに、経済は国家内に収まらず、国際的な経済競争（市場獲得競争）を激化させることになった。

　(B) 一方、産業革命は、農業革命と相まって大量の工場労働者を生み出すことになる。18世紀後半の人口急増により穀物価格が高騰し、食糧増産の必要性が生じたが、政府はこの危機を農業経営の大規模化・合理化を推進することによって乗り切ろうとした。これが農業革命だが、その結果、あぶれた小農民は都市に流入した。これらの人々も、19世紀には、都市の下層民とともに、工場労働者にリクルートされていった。

　資本家は利潤の追求・生産性の向上を最優先させるから、子どもや女性を含む労働者たちを苛酷な労働条件の下で酷使した。ここに革命によっ

て政治的に解放されず、産業革命の恩恵にもあずかることのできなかった人々の不満が鬱積してゆく。深刻な労使対立がもたらされたのである。

　それまで、下層民はいわば社会の中に広く分散し、1つの階級としての統一性を持たなかった。だが、同じ時間や空間を共有することになって――たとえば同じ工場で働き利害をともにすることになって、1つのまとまりを形成するようになった。労働者たちは団結して資本家（ブルジョアジー）に対抗しようとする。もちろん、市民階級（ブルジョアジー）は、こうした団結を阻止しようとする。しかし、工場労働者たちが労働者階級（プロレタリアート）として団結を強め、ブルジョアジーに対抗していくという趨勢を押しとどめることはできない。労働者の解放や万人の経済的平等を目指す社会主義思想の浸透などによって、労働者の団結の気運、解放の気運は高まる一方となった。マルクスとエンゲルスは1948年に『共産党宣言』なる過激なパンフレットを書いて、プロレタリアートに反ブルジョアジー革命への決起を促した（「万国のプロレタリア、団結せよ！」）。もともと自由主義は、ブルジョアジーの経済的利害を代弁するイデオロギーとして現れたが、この点でいえば社会主義はプロレタリアートの利害を代弁するイデオロギーということもできる。

　これら（A）（B）のいずれを考えてみても、もはや予定調和的な楽観論、国家を必要悪とする自由放任主義は維持しがたい。それまで国家を必要悪として消極的にしかとらえてこなかった資本主義は、ここに至って国家と結び付く志向を持つことになったのである。

　すなわち、（A）に関しては、ブルジョアジーは国家の積極的な経済介入・行政介入を要請することになった。独占資本は国家と結合し、国家独占資本主義体制＝帝国主義が形成されることになった。国際的市場獲得競争へも国家と手を組んで積極的にそれを利用した方が都合がいいのである。

　（B）に関しても事態は変わらない。最初は、資本家の方（政府）では団結禁止法を制定して労働運動・社会運動を弾圧したが、しかし、時代の趨勢は動かしがたい。ブルジョアジーはプロレタリアートの反乱を阻止するために、民主主義的要素を導入し、労働者の体制内在化を図ることにな

る。これは大雑把にいえば、政治参加の拡大（参政権の拡大）、福祉政策の導入といった形で現れた。

　参政権の拡大は最終的には普通選挙制度の実現に行きつく。普通選挙制度の導入は、当然のことながら政治の主体がこれまでの市民階級だけではなく一般民衆に移行したことを意味する。このように政治のプロセスの中に大衆が参入してくる。市民社会は政治主体から異質な存在を排除したが、大衆社会は異質な存在もすべてを含み込んだ存在としての大衆が、政治の主体としても客体としても、政治の過程に入ってくる。大衆という不定形な存在が政治の方向性を決定づける要因として出現したのである。

3．大衆社会の特質

　では、市民社会から大衆社会への移行によって、具体的にどのような変化が起こったのかを見ていくことにしよう。

①国家の役割の拡大
　大衆の要求を政治は実現していかなければならない。この福祉主義の導入によって、それまで政治が対象としていなかった領域、たとえば病院などの公衆衛生施設・制度の整備、学校や図書館などの文化施設・制度の整備等も、政治が扱う領域に組み入れられることになる。ここに至って国家は従来の自由放任的な消極国家、「夜警国家」から福祉国家、社会国家、積極国家へと変貌することになる。

　こうした国家においては、必然的に行政府の役割が増大することになる。市民社会の国家が立法府を中心に置くという理念を持っていたとすれば、大衆社会においては事実上、行政府が中心に置かれ、その量的・質的な拡充が行われることになる。いわゆる行政国家化現象が出来する。20世紀に入って、先進国における公務員の数は飛躍的に増大したし、行政の取り扱う問題の複雑化に対応するように行政エキスパート（＝官僚）が必要とされるようになり、政府内での事実上の政策決定権限を持つようになっていった。これは民主主義（民主政治）の危機につながる。今日、行政エ

キスパートである官僚の横暴や官僚組織の硬直化が批判され、盛んに政治主導が叫ばれるが、その根は深いのである。

②自由主義の修正

自由放任主義が是正され、最低賃金法、労働組合法、独占禁止法などを制定することによって、低賃金労働者（社会的弱者）の権益を守ろうとする動きが出てきた。このことにより、実質的な自由を実現しようとする。すなわち、本来対等であるべき当事者間が、経済的要因などにより対等でないときには、国が私人間に介入し、一方の当事者を援助することによって実質的に自由な交渉を可能とするという方向が出てきた。それまでの「権力（国家）からの自由」（消極的自由）という考え方から「権力（国家）への自由」（積極的自由）へと、自由の概念も大きく変容を遂げることになった。

③平等主義の修正

生活保護法や健康保険法などの制定により、社会的・経済的弱者の救済策を打ち出すことになった。本来平等でないものの間で、機械的に平等原則を適用すると、弱者が一方的に阻害されることになる。そこで、国家が積極的に私人間に介入して、弱者を救済し、実質的に平等な状態が出現するように配慮するということである。

④大衆民主主義の登場

それまでは、民主主義とはいっても、政治の主体となっている「民」はあくまでも市民であった。だが大衆の政治過程への登場によって、この「民」は文字通り全国民を意味するようになった。大衆民主主義の登場である。民主主義をはじめとする近代政治の理念と原理は、市民社会において、市民の同質性をもとにしてこそ可能になったという側面があるが、大衆社会の出現によってこうした前提が崩壊することになる。大衆の求める社会的価値は多元的かつ多様であり、また利害関係も複雑になっているために、討論による合理的な政治的判断を得ることが必ずしも期待できなく

なったのである。

　この変化は代議制に大きな問題を投げかけることになる。有権者の間にこれほどまでの多様性があるとき、果たして代表は代表たり得るのか、あるいは同じことだが、その教養や思考力においても、また利害・関心においても、広大な幅を持っている大衆の利害をどのようにして反映させることができるのか、また国民は真に自分たちの代表を選び出す能力があるのか、大衆に迎合してしまう一種のポピュリズムに堕してしまう危険はないのか、といった根本にかかわる問題が出てきたのである。

4．現代の政治社会──日本を振り返って

　前項では大衆社会を市民社会との対比においてとらえ、その政治的な問題点を指摘した。この項では、現代社会に生きる私たちの実情に迫り、政治との関連を見てみよう。

　現代社会一般の特質として、まず「平準化」を挙げる論者は多い。工業化の進展により大量生産・大量販売・大量消費が可能になった。また、複数のマスメディアがあるが、しかしそこから流される情報は画一的とまではいわないまでも、似通ったものになりがちである。いわば皆が同じようなものに囲まれて生活を営んでいる。こうした状況下にあって、皆が同じように考え、同じように感じ、そこには多様性が見られなくなっていく。民主主義が意見の多様性を容認し、そこから議論を通して相対的に優れた意見を採用しようとするところにその生命があることを考えれば、これは危険な兆候といえよう。

　また現代社会においては、生産至上主義によって「組織化」が徹底されている。ここでは個人は企業が存続するための道具であり、一種の人間疎外現象が見られることになる。当然のことながら、こうして働いた後には、私たちは手軽な遊びや娯楽に自分を解放するほかない。要するに難しい政治や経済の話はしない。そこまでの余裕はないのである。ここには政治から遠ざかる道が開かれている。現代社会においては政治社会の民主化に伴い、政治への平等の参加が保障されているにもかかわらず、政治に無

関心になっていく。あるいは政治が私たちの生活の隅々にまで入り込んでいるにもかかわらず、逆に私たちは政治に対して無関心になっていくのである。政治機構、政治の態様が複雑化し、政治的な決定もますます専門化していく中で、一般の大衆は、政治に参加したり関心を持ちたくても「及び難し」の意識が先にたってしまい、後ずさりを始めてしまうのである。

　さらに、日本の高度経済成長期などに典型的だが、現代社会においては共同体の絆が徹底的に破壊される。一般に工業中心社会は農村の衰退、都市の発達を促す。農村においては、人々は地縁・血縁で緊密に結び付けられており、個人は共同体によって育まれるという側面を持っていた。都市ではこの側面は相対的に弱くなる。さらにまた、都市の内部でもモビリティが高くなることによって地域社会の絆が弱まっていく。要するに全体として社会連帯（共同体）が崩壊し、後にはバラバラに切り離された個人が取り残されるのである。しかもこうした個人は自立的で理性的というよりもむしろ、他人の視線に過剰に反応し付和雷同する傾向が強い。こうした大衆の世論なるものが、どのような危険を孕むかは推して知るべしであるが、実際、情緒的でなにも考えていないような状態なのである。無責任極まりなく、相互依存の累積であり、明確な方向付けを欠いており、雰囲気に流され画一的なものになる傾向がある。カリスマ的な政治指導者が一定の方向を指し示し、容易に大衆を操作していく危険性がある。ヒトラーがやってみせたのはこれであった。

　こうした問題は、現代の日本社会にも当てはまる。本来ならば、きちんとした政治教育を行ってしかるべきなのだろうが、そうした明瞭な危機感が教育界や政府にあるようには思えない。最後に現在の日本に引きつけて論じておこう。

　先にちょっと述べたように、健全な民主主義のためには意見や観点の多様性が不可欠である。多様な意見や観点を戦わせ、その中で相対的に良かれと思われる道を選択するというのが、本来の民主主義のあり方である。多数決に本質があるわけではなく、むしろ少数意見も尊重し多数意見の相対化を図ることが重要なのである。当然、マスメディアもこのような民主主義の醸成に寄与すべきなのだ。私たちがさまざまな政治的判断のための

情報をどこから仕入れるかといえば、テレビや新聞といったマスメディアであり、マスメディアは世論形成に決定的に重要な意味を持っている。しかしながら、このような民主主義にマスメディアが十分に貢献しているのだろうか。

　今日、私たちの情報源としてテレビが圧倒的な影響力を持っているが、民放は商業ベースで成り立っているために、視聴率至上主義を採らざるを得ず、芸能番組や娯楽番組——要するに大衆ウケするような番組編成が重視される。これでは大衆の政治的無関心が拡大再生産されるだけであろう。本来ならば、マスメディアなどがポピュリズムに陥ることなく、民衆の適切な政治的判断を引き出すように配慮すべきなのだが、残念ながら日本のマスメディアはこの点に関してははなはだ心もとない。否、ワイドショーなどを見ると、大衆を煽っているだけではないかと思わせるようなところさえある。2005年の衆議院選挙（いわゆる郵政選挙）での報道姿勢などを見ると、それは一目瞭然である。そこでは、争点とされた郵政民営化それ自体についてはまともな政策論争が行われず（放送されず）、「刺客」「改革を止めるな」だとか、空疎な言葉だけが踊った。まさしく「小泉劇場」の趣を呈した。ワイドショーを見ていてあきれてしまうのが、その問題や話題に関して明らかに素人であるような人間が、コメンテーターなどと称して、発言していることである。あるいは芸能人が芸能人であるというだけでコメントしている。その問題に対する専門家の意見を聴くというのならわかる。そうではなくて無知な大衆と同じレベルで空疎な言葉を並べ立ててワイワイ騒いでいるだけなのである。こうしたコメンテーターも、またこうしたワイドショーも、単純に良い・悪いを一刀両断に決定していく。そこでは相対化の視点が欠如している。物事はそんなに単純な成り立ちをしていない。1つの物事は、ある側面から見れば良いこともあるし、他の側面から見れば悪いこともある、といったように、多角的に見て総合的に判断されるべきものだ。ところがマスメディアは大衆ウケをねらってか、一刀両断に「ずばりいうわよ」とばかりに斬ってみせるのである。国民大衆はこうしてますます思考停止状態に追い込まれ、「小泉純一郎の自民党」に圧倒的な支持を与えたのである。明らかに、これはマス

メディアの敗北であったが、当のマスメディアにその自覚があるのか、そうした自覚を持つだけの見識があるのかは、いまだに定かではない。大衆も、匿名性をいいことに、やりたい放題、いいたい放題といったところがあり、マスメディアはさらに図に乗って、生贄の羊を要求している大衆が喜ぶように「血まみれの肉」を投げ与えていくのである。そこには視聴率を取るためなら何でもやるという薄汚い意図が依然として透かし見える。

18世紀に、イギリスの政治家・思想家バークは国家の失政に対して民衆の感覚が間違うことはめったにないとして、民衆の感覚に信頼を寄せたが、同時に民衆が直接政治に乗り出すことは、1人の専制君主によるよりもはるかに苛酷な（民衆による）専制をもたらすとして、フランス革命を批判した。今日、普通選挙制度によって誰もが平等に一票を手にして政治に参加することができる。実際に血が流される革命が起こることはないとしても、一票の「いいかげんな」行使によって愚かな政治、バークが危惧したような民衆の専制が事実上もたらされる危険がないとはいいきれない。

同じく18世紀にルソーは、『社会契約論』で自らの民主主義理論を語りながら、現実の民衆の姿を見たとき、とうてい自分の理論が想定しているような政治の主体になり得ず、彼らにその主体にふさわしいだけの力を身につけさせることも含め、政治がうまく機能する条件を整備する「立法者」に期待をつながなければならなかった。これらの古典的な問題はいまだに私たちの問題であり続けている。

（石川晃司）

参考文献

E. ゲルナー、加藤節訳『民族とナショナリズム』岩波書店、2000年
B. アンダーソン、白石さや・白石隆訳『増補 想像の共同体』NTT出版、1997年
E. フロム、日高文郎訳『自由からの逃走』東京創元社、1965年
D. リースマン、加藤秀俊訳『孤独な群衆』みすず書房、1964年

3章　政治権力

本章のねらい
・政治権力の内容とその機能について知る
・政治権力の機構について知る
・政治権力と権威・威信・政治的神話の関係を知る
・政治権力の特色について知る

---

1. 政治権力とは何か

　この概念の定義は困難を極める。なぜなら、古今東西多くの政治学者によってさまざまな定義がなされてきたからである。しかし、一般的にいえば権力とは、他人を自己の意思に従わせる能力であり行為である。そして、政治とは、社会に存在する物質、地位、利害などの社会的価値を調整し、社会や集団の秩序を維持することである。したがって、政治権力とは社会的諸集団が社会的価値争奪において政策決定過程で影響力を行使し、支配・服従関係を形成し、維持する能力ということになる。この政治権力に対して、社会的権力というものも存在する。企業であれ、大学であれ、その他の社会的諸集団の中にも権力は存在し、それぞれの範囲でその機能を発揮している。しかし、これらは政治権力に及ぶものではない。なぜなら、政治権力の典型が国家権力であり、国家の中においては国家を存続せしめる最強の権力だからである。

　政治権力とは具体的にどのような力なのであろうか。以下のように3つ考えられている。

1) 強制力

　一方が他方をその意思に逆らっても支配をするときにとる手段で、相手に対し有無をいわせず服従を強いる行為である。この強制の力にもさまざまな種類があり、1つは㋐物理的強制で、これは警察や軍隊などにより、反抗者を物理的力で鎮圧や制圧をすることで、最終的手段としてとられることが多い。しかし、これは、権力者にとっては一時的に効果を発揮するが、必ずしも有効な手段とはかぎらない。さらに㋑心理的強制という相手を内面から逆らえないようにしてしまう方法ある。相手に対し恐怖心や不安感を心理的に醸成して、抵抗心を奪ってしまうやり方で、反抗者のみでなくその周辺にいる者にも効果がある。そして、㋒価値剥奪的強制のやり方である。社会的価値といわれている名誉や地位や職業を剥奪することにより、反抗者やその周辺者を支配してしまう方法で、直接的に実行する場合と間接的に実行する場合の両方がある。

2) 説得力

　これは、強制とはまったく逆の方法で、権力者が服従者を内面から納得させた上で支配を遂行するということから、うまく成功すれば有効な手段となる。直接的対話、公の場での議論、マスメディアを通じての喧伝などにより、服従者を納得させることになるが、これには、納得させる側の人物的条件、納得させられる側の社会的条件、さらにその内容のいかんに大きく影響される。民主的な面を持ち正当な方法ではあるが、時間的、人数的、内容的限界もある。しかし、強制の力に比べるとはるかに賢明な方法であることは間違いなく、「権力の経済」（服従調達のためのコスト）の観点から見ても効率的で優れた手段ということができる。

3) 操作力

　権力者はまた情報や世論を操作する力を持っている。説得が、合理的・理性的側面からの機能とすれば、操作は非合理的・感情的側面からの機能ということになる。人間の精神が持つ非合理的なものや感情的なものの方が一般的に操作されやすいといわれている。マスメディアの発達は、一側

面として、時間的にも質量的にも権力者の操作機能の効率化に貢献した。権力者は、マスコミなどを巧みに利用して大衆操作を行うことができる。直接的に感情や情緒に訴えるアピールは、即効的でインパクトもある。また間接的なシンボル操作は、持続的で浸透力がある。前者は伝統的感情や民族的感情に訴え、服従者の心をつかみ、国内の結束を図る方法などがある。後者は国旗や国歌、個人写真やポスターなどを服従者の心に刷り込むことで持続的に心理的に服従を強いていくものである。独裁的な国であればあるほどこの操作の力と強制の力の両輪は貫徹され、強力な政治権力の実態を表すことになる。

2．政治権力の様態

　政治権力はそのダイナミズムにおいてさまざまな様態を呈している。これはまた1つの政治権力発動がいくつにも見てとれるということであり、どの見方が正しいということではない。以下いくつかの視点を挙げてみよう。

1）実体モデルと関係モデル

　これはC. J. フリードリッヒにより提起された政治権力の本質に関する見解で、2つのモデルとして古くからある。前者は、権力者たる者が、現実に何らかの力を有しており、その力を実際に行使して、意識的に服従を強いるというものである。この力を実体としての権力と見て、その源泉に「権力の資源」（強制力・説得力・操作力など）を持っているものとしている。実際には、この資源を基に権力発動が行われ、そのことにより他者の諸価値を剥奪したり付与したりということが起こる。また、「権力を手に入れる」とか「権力の座に就く」という言い方も権力を1つの実体としてとらえている表現である。ここからわかるように、この見解は、権力者の持つ権力を重視し、服従者の同意や合意というモメントを捨象してしまうところに特色がある。つまり、権力の本質を強制という要素に求めるのである。このような見解は、T. ホッブズに代表される。後者は、これに

対して対極にある見解である。むしろ実体モデルの説明の不十分なところを埋め合わせる見解でもある。つまり、権力者が権力により服従者を支配することは一時的には可能であるが、これでは決して長続きはせず、支配の安定を図れない。長期的な支配の安定を図るためには、服従者の積極的であれ消極的であれ何らかの服従の合意がなければならず、少なくとも服従への意識や関心がないところには実現不可能である。政治権力を支配者の手中にある実体とは考えず、集団間の相互関係ないし相互作用とする見解である。この見解は、J. ロックに代表される考えである。

しかし、政治権力の実態を見ると、両モデルが包含されているように思われる。独裁的国家を見れば、支配者と被治者の関係においては、明らかに、権力の実体モデルからの方が説明しやすいし、かといって、物理的強制的手段が不変でいかに強力であっても、その状態が長続きをするわけでもない。民主的国家を見ると、支配者は絶えず権力行使の方法を新たに探らなければならないし、そこには服従者の何らかの合意を得なければならないところがある。このような視点からは、関係モデルの方が説明しやすい。C. J. フリードリッヒも、権力の実態は両側面を原理的に持ち合わせるものであり、あるときには強制が前面に出現し、あるときには合意が前面に出現するという相互補足関係にあるともいっている。したがって二者択一的にとらえると、その実態の把握が困難になるといえるのである。

2）ゼロ・サム・ゲームモデルとプラス・サム・ゲームモデル

社会学者 T. パーソンズが提起したモデルで、権力の関係モデルをさらに進化させたもので、権力の比較や測定を前提に、その実態に社会学的観点から迫ろうとするものである。前者は権力をゼロ・サム・ゲーム現象としてとらえるもので、一方の権力の行使が、他方の権利や価値の剥奪に関係するという考え方である。つまり権力者の獲得する価値と服従者が奪われた価値の総和がゼロになるという考え方である。この考えは、C. W. ミルズに見出される。彼はアメリカ社会の調査の中で、権力の集中化に注目して、その権力の所有者の構成と変化を分析した。権力者としての地位にある者こそ名誉や富に接近する可能性が高く、さらなる名誉を実現し、富

を保持し続ける手段として、権力の行使を行うのである。かつてのアメリカ社会の多元的権力構造は、今日多分に変化して、一部の軍事や経済や政治のトップエリートに権力が集中してしまっている。これこそが、「パワーエリート」と呼ばれるもので、これに対抗するエリートは存在しないということになる。パワーエリートによる支配が貫徹すれば、その対極にある大衆は大衆操作の対象となり、富や価値の剥奪を徹底的に行使されてしまうのである。ミルズはこの構造をアメリカ社会の中に見て、階級なき社会の夢は果て、まさに二極化した社会の現実を告発したのである。さて後者のプラス・サム・モデルにあっては、前者とはまったく異なるモデルとなる。つまり権力は二極化した社会の一方にのみ存在するのではなく、関係者全員に価値を実現する手段として賦与されており、そこでの主体間相互の協力や調和と一体感と不可分な関係にあるものだとするのである。この立場に与する思想家として、H. アーレントを挙げることができる。彼女によれば、権力は単なる個人の所有物ではなく、集団に属するものである。したがって、他者の富や価値を剥奪するものではなく、他人と協力して行為する能力ということにもなる。集団に存在する権力は、集団が存続するかぎり存在し、それが消滅しないかぎり存続することになる。権力は、意見の合意と一致に基礎を持ち、集団の能力なのであり、正当性にも関連するものである。さらにこの観点に立てば、権力こそが、人々の自由と責任を実現するモメントであり、この力によってのみ公的空間が生き生きと出現することになる。権力と暴力の相違を明確にし、後者は、支配者による服従者の抑圧や強制にかかわるもので、権力とは無縁なものであり、むしろ権力は人間の自由や個性にかかわってくるものとするのである。ここに権力のプラス・サム・ゲームモデルを見ることができる。

3）階級的権力モデルと構造的権力モデル

　これは、佐々木毅がL. ミリバントとN. プーランツァスとの資本主義国家論争から提起しているところであるが、国家機能をどのように見るかにかかわる問題である。前者は、国家の機能を国家エリートと呼ばれる上層階級の出身者による支配の道具としてとらえ、その実行手段となるのが政

治権力だとするのである。ここでは国家の機能は上層階級の利益を実現する機関として、政治権力はそれらの人々の利益を実現する実行手段なのである。マルクス主義的国家観の典型に近い考えである。これに対し、論争を挑んだプーランツァスの考えは、国家機能を単なる支配階級やエリートの支配の道具としてとらえるのでなく、政治、経済、そしてイデオロギーの３つの装置が構造的に作用しているものととらえるのである。したがって、政治権力は、必ずしも支配階級にのみ所有されるものではなく、多様な人々に、多様な形で行使される可能性があることになる。ここに構造的権力モデルがある。これをさらに哲学的分野まで深めると、M. フーコーの権力論に至る。彼の理論においては階級対立や社会対立と関係した権力概念は消滅して、新たな権力概念の創出を見ることができる。社会の中に構造的に存在する権力を摘出することにより権力概念の逆転を図ったのである。つまり、人間や個人が権力の主体となるのではなく、権力そのものが主体となり、人間や個人は権力の僕となり、その関係からは決して逃れられる存在ではなくなるのである。この考え方からすれば、権力の自己運動や、自己展開の中に人間は飲み込まれているのであり、その呪縛からは決して解放されることはないのである。人間の主体的権力行使が他者の利害や自由の侵害に関係するという従来の定式の放棄は、また人間には自由の存在というものはなく、自由について語る必要もなくなるという議論になる。フーコーは監獄（パノプティコン）の例から見事にこのことを説明している。監獄では看守は実際監視する必要はなく、監視する装置があれば、いやそれがあると囚人に思い込ませておけば、それで十分なのである。やがて囚人は監視される自分を自ら監視するようになる。現代社会を見れば、この考えは納得いくものになる。先進諸国の中で特に繁華街での「監視カメラ」設置の普及は監獄の社会化でもある。私たちは、普段特に権力の行使や、また支配者の権力の行使を実感していない。しかし、確実に権力の影響下にさらされていることがわかる。普通に生活しようとすることは、社会体制や政治体制の要請であり、また眼に見えない権力の要請でもある。日常生活において、目立つことはもちろん目立たないことを心がけるのも眼に見えない権力の要請である。この観点に立てば、人間から

は完全に自由という観念は消失してしまっていることになる。フーコーの権力論は、政治権力からは逸脱しているようにも思えるが、むしろ、政治権力があえて不透明性を装って出現している今日、その本質を暴くためにも重要な視点のように思える。

3．政治権力の機構

　政治権力が支配・服従を形成・維持するためには、組織化が行われなければならず、この組織化をもって効率よく政治権力が実行されるのである。その組織は当然に人的配置をもって構成されるものであり、最高権力者をトップに階層的に形成されている。ここで、政治機構と政治権力の機構の違いを明確にしておこう。一般的に政治機構といえば立法機関、行政機関、司法機関を含めて国全体の機関と機能を示しているが、政治権力の機構といえば、行政機関を指すことになる。そして、政治権力の機構は権能と機能の視点から大きく2つに分け、考察することができる。

1）権力核

　権力核は、政治権力の中枢に位置して、ごくわずかな人間によって構成されている。絶対主義国家の下では、絶対君主がそれであり、現代国家では大統領や首相およびその他の閣僚や補佐官などがこれに当たる。ごく少数の者が政治権力を手中に入れ、圧倒的多くの服従者を掌握するということは、どんな時代にあっても共通の原則である。専制国家は当然のこととして、その対極の民主国家であろうと、少数の者が政治権力を手中にして、それを独占的に実行していることに変わりはない。それは政治権力掌握の手続きが違うだけである。民主主義国家は、一般的には主権在民で国民の民意により政治が行われ、国民主体の政治のように理解されるが、被選出者がひとたび権力を手中にすれば、国民はあらゆるところで、すべからく拘束されることになる。主権在民のパラドクスである。この権力核による政治権力の発動は、現代国家においては、非合理的・感情的要素は排除され、あくまでも法律という拘束と手続きを経てから実行されることに

なる。しかし、これらの要素がまったく排除しきれているかというと、必ずしもそうではない。なぜなら、この権力核を構成する人物やメンバーはあくまでも人間である。そのことにより、権力発動のための法律や手続きを無視してしまうこともある。民主主義国家の宿命でもあり限界でもある。

権力核の構成員はなぜ少数であらねばならないか。つまり、少数者の支配の法則がなぜ成り立つのかの問題である。それは、政治の本質、つまり政治とは、社会に存在する物質、地位、利害などの社会的価値を調整し、社会や集団の秩序を維持することであるということに立ち返ることになる。そして、政治権力の本質、つまり政治権力とは社会の諸集団の社会的価値争奪において政策決定過程で影響力を行使し、支配・服従関係を形成し、維持する能力という原点に戻ることになる。治者と被治者、支配者と服従者、これらの対極の関係は、一方の少数者と他方の多数者という関係であり、この関係と政治および政治権力は運命をともにしているのである。

2) 権力装置

権力核を助け、奉仕する機関が、権力装置といわれるものである。この機関は専門的知識と技術を持った集団から構成され、政治権力の実行・実力部隊となる。この典型が官僚機構と軍・警察機構である。官僚機構は、政治的決定の事項を執行する機関である。これは行政事務の質的・量的拡大に伴い発生した制度であるが、いったん成立すると、強固な組織となり自立することになる。つまり、権力核の交代が生じても、官僚機構は持続性を獲得して現れてくることになるのである。日本の戦後政治は保守党政権の長期化と相まってますますこの傾向を顕在化してきたし、フランスなどでも、内閣が次から次へと交代するにもかかわらず、政治が比較的安定しているのは、この官僚機構の自立化にあるともいわれている。この機構には強固なヒエラルヒーが見られ、中央官庁から地方行政機関へと、上意下達として政治権力が完遂する。今日では、法律案の作成も官僚が主導権を握っており、許認可権や行政の裁量権が拡大し、また法令に根拠の薄い

行政指導なども盛んに行われ、官僚の権限がますます強まっている。この官僚の権限の拡大と強化は、「天下り」というような負の政治文化を作り上げ、今日大きな問題となっている。もともと官僚といわれる人材は、高度な専門知識をもって職務の遂行に当たり、正確性、客観性、能率性、持続性、合理性などが要求される洗練された政治的職業である。しかしこのように洗練された政治的職業も逆機能としての落とし穴があり、形式主義、文書主義、前例主義、事なかれ主義などとしてその負の部分が指摘されている。官僚政治の顕在化に伴う議会政治の凋落と、汚職や天下りに象徴される官僚の堕落は、権力装置としての官僚機構を危ういものにしているともいえるのである。

さてもう1つの権力装置である軍・警察機構は、権力核と一体となった物理的強制力を持った権力装置である。もちろんクーデターのような権力核と対立するケースもままあるが、一般的には権力核の意向に忠実に従う実力部隊である。主に軍隊は、対外的な危機に対応するように編成・出動され、警察は、国内的秩序と安全の維持のために出動されるものである。しかし、ケースによってはこの区別をしない場合もあるし、また、両者に対立が起こるというようなケースもまれにある。軍隊は戦術的分け方をすれば、空軍、海軍、陸軍、というようなことになるが、危機対応的分け方をすれば、正規軍、予備軍というような分け方もある。

国内の治安と国民生活の安全と安心を守ることに専念しているのが、警察機構である。その中で国民を犯罪や危険から守るという司法警察の側面は、権力核との関連性が薄いように見えるが、このことによって国民が権力核への信頼を強化するとなれば、大いに権力核に奉仕することになる。他方、政治警察は権力核に対立する勢力を監視し、やがては消滅を目的とするものであるから、おのずと秘密性と陰湿性を備えた機能となる。直接権力核と連携して、権力核の僕となることは必然である。このことから、犯罪に近いような捜査が行われ、強権的手段がとられることもある。

近代国家は、この軍・警察機構を重要視してその存続を図ろうとしてきた。ことに、社会主義国家や全体主義国家はこのことが顕著であり、そのことによる負の遺産も数多く露見している。国民がコッミトする権力装置

がなければ、独裁国家のような国民の悲劇が、自由主義国家であろうともいつでも起こり得るのである。

4．政治権力と権威・威信・政治的神話の関係

　政治権力者は、強制力・説得力・操作力などの力をもってのみ支配・服従の関係が完遂するものとは思っていない。また、服従者もこれだけによって支配・服従の関係を維持していると思ってもいない。ここに力の関係から意識の関係が生まれるのである。権威・威信・政治的神話などは、支配者と服従者の意識の関係である。C. E. メリアムは、ミランダとクレデンダという概念でこれらの意識の関係を分類している。前者は情緒的、情動的、呪術的なものに訴えて支配者と服従者の意識の関係を形成・維持しようとするもので、旗や記念碑や音楽などの政治的シンボルを使って行うことが特色である。後者は理性的、知的、合理的なものに訴え、その関係を形成・維持しようとするもので、政治理論やイデオロギーなどを浸透させることで、それが図られることになる。

1）権威

　権威は、服従者が内面において正しいと判断したときに生じるものであるから、その導出は服従者側にまずあることになる。したがって、支配者側としては、服従者側によって形成された権威は願ったりかなったりの産物であり、それを獲得することにより、支配をより完璧なものに仕上げることができる。こうした権力関係の正当性の信念が、支配者と服従者の間に生じた場合、権力は権威となるのである。M. ウェーバーが「支配の正当性」と呼んだものは、この権威に支えられた権力関係なのである。彼はそれを、時代や社会の違いから3つに分類した。㋐カリスマ的支配とは、支配者個人による超人間的・超自然的資質により発せられた啓示などにより権威が生じ、服従者が帰依することである。㋑伝統的支配とは、伝統や習慣の神聖視により権威を所持した支配者がその地位に就き、服従者を内面的に支配してしまうことである。㋒合法的支配とは、法規化された秩序

の合法性や、支配者の命令権の合法性により形成された支配・服従の関係で、法律の規定に基づいて支配を貫徹するという最も近代的な支配方法といえる。

2）威信

　威信は、権力関係の正当性から生じる権威とは一線を画すものである。権威と同じように服従者の側から形成されるものであるが、これは支配者個人の人格に付随した価値で、貴賤、優劣、汚潔、強弱、などの尺度で測られる点に特色がある。したがって、権威の正当性が確立していない支配・服従関係においても、この威信だけによる支配者の支配は可能であり、服従者の認識に多分に左右されるところがある。したがってこの威信だけによる支配・服従の関係は不安定なものであり、支配・服従関係の中心的要素にはなり得ないが、権威を増幅させるものとして、また権力による強制的支配を補完するものとしてその意義を失ってはいない。またこの威信は支配者に関するイメージであることから、必ずしも歴史的遺物とはいえず、時代や文化圏を超えて、また文明度の違いがあっても、存続しているといえる。

3）政治的神話

　これも服従者の内面的意識に関するもので、威信の場合の個人的な意識と比べ、服従者が集団で共有する意識である。権威や威信に物語がつけば政治的神話となり得ることもある。また前二者と違い、支配者による情報操作により作り出され、それを服従者が強化するというような相乗関係にあることも特色である。この神話を作り上げることは、それにコミットメントしている人々にまず、心理的満足感を提供することになり、やがて、彼らの連帯感や一体感を作り出すことになる。その契機となる物語は、古代神話であっても民族的神話であっても何でもよい。大事なのは簡明であることであり、それらの集団にコミットしようとする人々の優越感をそそるものであることである。これらの政治的神話は、その集団の価値体系やシンボル体系まで形成し、行動規範にまで反映されることになる。ここに

まで至れば社会統合が形成されたということであり、支配者の政治機能が貫徹されたことになる。政治的神話は集団的意識の上で政治権力を補強し、社会の安定化の機能を果たす。そして、それは権威や威信とは異なった角度から、効率のよい権力行使という「権力の経済」に基づき、支配者による服従の効率的調達に貢献していることになる。

5. 政治権力の特色

政治権力について、さまざまな角度から論じてきたが、最後にその特色について整理してみよう。

1) 政治権力の強大性

政治権力は、社会に存在するさまざまな権力と比べて、その量・質において圧倒的に強大であるということである。このことは、政治権力が、国家権力と同一視されることからわかるように、国家の統一や国民の支配に関連しているからである。また、国際的な国家関係で見れば、外交的力とも関係していることになる。近代国家はこの政治権力によって存立しているものであり、その権力の様態により、国家の特色が現れる。一般的にはこの政治権力が強大であればあるほど独裁的国家になり、その逆は民主的国家になる。

2) 政治権力の経済性

政治権力は、経済性を考慮しなければならないということであり、これを考慮することにより、権力の様相が変わってくる。物理的強制力のみを重視した政治権力は、即効的な効果を生みやすいが、犠牲とするものも多く、必ずしも経済効率が良いわけではない。むしろ、説得力や操作力を重視した方が、時間はかかっても持続的効果が期待できる。政治権力は、状況に応じその発現の様態を絶えず考慮していることになる。しかし、歴史的に見れば、支配者が政治権力の行使に当たり、経済的考慮をまったく欠いた例も少なくない。強権的政治権力はまた強固な反動勢力を生み出し、

社会の不安定化を生み出すのである。

3）政治権力の補完性

　政治権力は、ただ強制力や、説得力や操作力というような力による支配のみを頼りにしているわけではない。このような力に加えて、服従者の意識の問題により補完されている。権威・威信・政治的神話などは、服従者の意識において生成されるものであり、これらの補完により、支配はより効率的に完璧さを増すことになる。したがって、支配者は、政治権力の上から下への力学と、下から上への力学を両方使いわけることにより、より効率的で完璧な支配を貫徹することができるのである。

4）政治権力の再生産性

　政治権力はその補完物と合わせて、絶えず再生産されているということである。支配者といわれる権力核は、当然永続的存在とはかぎらない。したがってその交代により新しい政治権力の再生産が行われ、それが行使されることになる。また、状況による社会的変化は、政治権力の再生産を加速することになる。支配者としては、支配の遮断が一番の恐怖であるから、その状況を十分に察知しながら、新しい政治権力の行使と補完物の活用を図るのである。しかし、そこに発現した変化の内容は、政治権力やその補完物としての権威・威信・政治的神話の本質や機能までを変化させるものではなく、あくまでも内容を変化させたところの再生産を行っているのである。

（裃沢栄一）

参考文献

C. J. フリードリッヒ　『政治学入門』学陽書房、1977年
C. W. ミルズ　『パワーエリート』東京大学出版会、1958年
H. アーレント　『暴力について』みすず書房、1973年
L. ミリバント　『現代資本主義国家論』未来社、1970年

N. プーランツァス 『資本主義国家の構造——政治権力と社会階級』未来社、1978 年
M. フーコー 『監獄の誕生』新潮社、1977 年
C. E. メリアム 『政治権力』東京大学出版会、1973 年
H. D. ラスウェル 『権力と人間』東京創元社、1954 年
R. M. マッキヴァー 『政府論』勁草書房、1961 年

第Ⅱ部
政治の制度・仕組み

4章　政治の制度・仕組み

> **本章のねらい**
> ・執政制度の代表的な3つの類型を理解する
> ・議会制度に見られるいくつかの特徴を理解する
> ・日本の執政制度の仕組みとその特徴について理解する
> ・日本の国会の仕組みとその特徴について理解する

　政治制度といった場合、広く解釈すれば、さまざまなものがそこに含まれ得る。たとえば、選挙制度、執政制度、議会制度、政党制、官僚制度、司法制度、中央―地方制度、地方自治制度などである。さまざまな制度が政治制度という概念に含まれることを理解しつつ、本章では、「執政制度」と「議会制度」を扱う。執政制度とは、ある国の統治機構や統治アクターとその相互関係にかかわる制度のことを指し、ほとんどの国では憲法にそのあらましが明記されている。議会制度については、予算を制定し、立法権をつかさどる各国の議会がどのような形態を示し、どのような機能を有しているかを論じる。

1．政治制度とその仕組み

　制度とはそもそも何であろうか。制度は大きく2種類に分けられる。1つが「公式制度」である。ここに法律や条例、政令、条約など、公に出された文書が含まれる。もう1つが「非公式制度」である。ここには慣習や規範などが含まれる。全く違うものに思えるかもしれないが、この2つに

は共通点がある。それは、どちらも「人間の行動に影響を与える」という点である。車が左側通行だと法律で決められているからそうするのと同様に、われわれは慣習で目上の人にすれ違ったら会釈する。つまり、「制度」とは人の行動を規定するルールであると考えることができる。これは政治制度でも同じである。政治制度は政治家の行動を規定するルールなのである。そうだとして、制度をただ覚えるだけでは意味がないこともわかるだろう。ルールがどのように政治家の行動を規定しているのか、実際の行動を見ることにより、政治制度を学ぶ面白さが見えてくる。

1）執政制度
①執政制度とアクター

　執政制度は国によって異なるが、そこに登場するアクターの機能は類似しており、比較が可能である。まず、どの国にも「国家元首」が存在する。国家元首は、国家の首長であり、大統領や国王などの名称が与えられている。次に、「政府首班」が存在する。政府首班は、政府の代表であり、首相などと呼称される。第3に、「議会」が存在する。議会はその国の最高立法機関であり、大きく一院制と二院制に分かれる。最後が「国民」であり、議会議員や国家元首を選ぶ主権者である。

　次に、それらアクターの関係性について見ておく必要がある。これはいわゆる抑制・均衡（チェック・アンド・バランス）関係である。政治学では、司法・行政・立法の三権分立がよく取り上げられるが、本章では立法府と行政府の関係に焦点を当ててみたい。

②執政制度の分類

　では、上記のように、アクターとその抑制・均衡関係の点から、政治制度について見ていこう。各要素に注目すると、民主制では大きく3つの類型に分けることができる。

a）大統領制

　最初が「大統領制」である。大統領制は、大統領と議会がそれぞれ独立しており、行政と立法が分離する「権力分立」のシステムであるといえ

る。その特徴は、以下のとおりである。第1に、行政府の長（以下、「大統領」とする）は国民から選出される。第2に、行政府の長と議会の任期は固定で、相互に信任することを条件としない。第3に、選挙で選ばれた行政府の長が政府の構成員を任命・指揮し、国家元首が政府首班を兼ねる。つまり、首相職は存在しない。

大統領制が持つ長所はいくつかある。第1に、大統領が議会の信任に依存せず、任期が固定されているため、行政府が安定している点が挙げられる。第2のポイントは、大統領が国民に直接選出されているため、十分な正統性を有していることである。第3に、権力分立が徹底されている点が挙げられる。反対に、短所としては、第1に、大統領の所属と議会多数派の政党が異なる場合（「分割政府」と呼ばれる）、法案審議などで混乱する可能性がある。第2に、失策や不正などの結果、大統領が国民の支持を失っても、固定任期で議会にも依存しないために容易に罷免できないという弊害がある。第3に、大統領は1人しか選ばれないため、「勝者総取り（ウィナー・テイクス・オール）」の事態に至るわけだが、これは大統領の独裁化を招く可能性がある。

この大統領制はいうまでもなく、アメリカ合衆国の制度がモデルとなっている。このアメリカ型大統領制モデルは、第二次大戦後、ラテンアメリカの国々などアメリカの影響力が強かった国で主に採用された。しかし、アメリカを除いて、ほかの国々は政治的に非常に不安定であり、この制度は大統領の独裁化を招きやすいという批判を浴びてきた。現在、大統領制を採用している代表的な国は、アメリカ、ブラジル、フィリピンである。

b）議院内閣制

次が、「議院内閣制」である。議院内閣制は、政府首班が議会多数派から選出されるため、行政と立法の「権力融合」のシステムとも呼ばれる。特徴としては、第1に、行政府をつかさどる首相と閣僚は議会で選出される。第2に、その首相は議会の信任に依存する。つまり、議会から信任を失えば、首相は解任されることになる。第3に、国家元首（国王や大統領）は儀礼的な役割しかない。

議院内閣制の長所は、第1に、議会から行政府の長が選ばれるので、首

相が議会多数派たる与党の支持を受けている場合がほとんどであり、立法―行政間の対立が少ないため、政府与党の思い通りに法律が制定されやすい。つまり、立法が迅速である点が利点となる。第2に、議会の不信任によって首相が解任されるため、国民の支持を失った首相は容易に解任され得る。第3に、首相は議員から選ばれる場合が多く、当選回数を重ねたベテラン議員にその任が回ってくることから、議会経験の長い指導者による統治が期待される。彼らによって対立よりも妥協によって安定した政治が行われる可能性が高い。他方、短所としては、第1に、もし議会が小党分裂の状況で、連立政権の場合、その連立の組み替えごとに、首相が頻繁に代わる事態が起こり得る。第2に、国家の顔である首相を国民が選ぶわけではないため、直接選べないことに対して国民の不満が存在する可能性がある。

　議院内閣制は、ヨーロッパ諸国や旧イギリス植民地などの国々で多く見られる。これは、ヨーロッパ諸国では、立憲政治の開始時に君主制であったことと、旧イギリス植民地ではイギリスの政治制度が移植されたという歴史的理由による。現在では、君主制を採用している国に加え、大統領が存在している議院内閣制の国もあるが、そこでの大統領の権限は決して大きくない。現在、議院内閣制を採用している代表的な国は、日本、イギリス、ドイツ、イタリアである。

ｃ）半大統領制

　最後が、「半大統領制（準大統領制）」である。半大統領制には、議会多数派の信任に依拠しない大統領と依拠する首相が存在し、両者が行政権を分けており、「権力分有」のシステムと呼ばれる。特徴としては、第1に、しばしば「二頭制」などと呼称されるように、行政府に大統領と首相が並存するということが挙げられる。第2の特徴として、（純粋）大統領制と同様に、大統領は国民から選出される。第3の特徴は、議院内閣制と同様に、首相と閣僚は議会の信任に依存することである。第4に、大統領が相当程度の権力を有していることが挙げられ、これにより、大統領の存在する議院内閣制との区別が可能になる。

　半大統領制の長所は、第1に、大統領制で問題となった「勝者総取り」

といった負の特徴が首相の存在により緩和されるなど、行政府内の相互抑止力が存在している点である。第2に、その反対として、議会が小党分立でも、大統領が安定しているため、政治に対する信頼や、体制そのものの正統性は確保される。では、短所はどうか。大統領と首相それぞれの所属政党が異なる際に「コアビタシオン」が起こるが、そのとき、両者の間で権限分割がうまくいかない場合や、妥協が図られない場合に、政治的停滞が生まれやすい。

この半大統領制は、大統領と首相が並存するフランス第五共和制の事例から、大統領制と議院内閣制の中間的形態として概念化された。旧ソ連・東欧地域では、社会主義体制の崩壊後、多くの国が半大統領制を採用したため、この政治制度に対して注目が集まっている。半大統領制は、大統領と首相との間の統制関係に注目すると、さらに2つに分けられる。その分岐点は、大統領が首相を解任することができるか否かにあり、解任できる場合、「コアビタシオン」は起こりにくく、大統領制に近い制度として機能するようになる。反対に、解任できなければ、「コアビタシオン」のときに首相＝議会連合が大統領の権力をしのぐ場合がある。現在、半大統領制を採用している代表的な国・地域は、フランス、ロシア、韓国、台湾である。

2）議会制度

議会制度については、以下、議会の構造と運営のあり方、そして執政制度との関係から見ていくことにする。

①議会構造

まず、議会の構造に目を向けてみると、大きく2つの種類に分けることができる（世界各国・地域がいずれの種類であるかを示したのが、表4-1である）。

表4-1 一院制／二院制（2008）

議会構造	国（地域）の数	
二院制	77	(40.31%)
一院制	114	(59.69%)

出典：Inter-Parliamentary Union (IPU) HP, http://www.ipu.org/parline-e/ParliamentsStructure.asp?REGION=All&LANG=ENG

a）二院制

 1つが、二院制（両院制）である。国によって名称が異なるが、通常、二院制には上院と下院が存在する。二院制の端緒はイギリスであり、14世紀にまで時代をさかのぼることができる。イギリスでは、王に対して貴族や聖職者たちが自らの利益を守るために議会が形成された。その後、政治参加の範囲が庶民のレベルにまで拡大した結果、現在の貴族院と庶民院の原型となるものが形成され、その形態が後世にまで引き継がれることになった。通常、権限において下院が上院に優越するが、その上院の権限には国ごとに違いがある。また、上院の源は貴族院型と連邦院型に分かれる。貴族院型は、国民選挙が導入されるとともに、直接選挙で選出される下院に対して、その抑制のために王の任命によって形成されてきたパターンもよく見られた。現在、貴族院が廃止された国でも、その名残を残している場合も多い。他方、連邦院型は、もともと地域代表の集まりとして連邦院が存在してきたところに、国民の代表たる下院が導入されたケースが多い。

 この二院制の長所として、(1) 立法部内での抑制と均衡のメカニズムが働く、(2) 慎重な審議が可能である、(3) 特に上院において国民の多様な意見が反映されるという点を挙げることができる。それに対して、短所としては、(1) 上院と下院の多数派が異なった場合に行き詰まりが生じる可能性がある（「ねじれ国会」）、(2) 立法過程が長期化し複雑化していく、(3) 議会を維持する上でコストが高くつく、といった点が挙げられ得る。この制度を採用する国は先進国のほとんどであり、具体的には日本、アメリカ、イギリスなどが挙げられる。

b）一院制

 もう1つが、一院制である。一院制は読んで字のごとく、1つの議院しかないものをいう。一院制は、小国や連邦制でない国や、新たに独立した国でよく見られる。一院制の長所として挙げられるのは、(1) ねじれによる行き詰まりはない、(2) 迅速な立法が可能である、(3) 審議が効率的である、(4) 議会を開くのにコストはあまりかからない、といった点である。短所としては、(1) 議会が独走した場合に防ぐものがない、(2)

慎重さを欠き拙速に議案を進めてしまう恐れがある、(3) 代表の多様性が低い、といった点が存在する。この制度を採用している国は、例としてスウェーデン、ニュージーランド、韓国などが挙げられる。

②議会運営

議会運営のあり方については、さまざまな制度、ルール、慣習が指摘され得るが、ここでは議会における審議の方法に基づいて分類を試みたい。

a) 本会議中心主義

まず、本会議中心主義である。このタイプはほとんどが読会制をとる。たとえば、読会制の本家であるイギリスの下院（庶民院）では、法案の名称と提案者の名前が提示される第一読会、審議を行うかどうかを決定する第二読会、法律案の審議を行う第三読会がそれぞれ開かれる。ただし、委員会がないわけではなく、イギリス下院では第二読会の後、法案は委員会審議に付されることになる。

本会議中心主義をとる長所は、議会多数派の選好が反映され議事がスムーズに進むことである。反対に、短所は決められた時間内に法案が通過できない可能性があることである。野党の立場からは会期を考慮に入れて、政府・与党の法案を廃案に追い込むことが可能となる。このタイプの審議方法をとっているのは、イギリス、ドイツなどである。

b) 委員会中心主義

次が、委員会中心主義である。このタイプでは、すべての法案をまず委員会に付託し審議の後に本会議で採決する場合が多い。読会が開かれることもあるが、形式的であり、実質的な審議は委員会でなされる。

このタイプの長所は、分担して審議を行うため効率が良いことと、少数派の意見が表明されやすいこと、特定分野の専門知識を豊富に持つ議員が中心となって審議できることである。短所は、委員会独自の選好が生まれるかもしれないことと、多数派の思い通りに進まない場合があることである。特に与野党が拮抗した議会の場合、野党の方が数で上回る委員会などが存在する可能性があり、そのときは混乱が生じることがある。この種の審議方法を採用しているのが、アメリカ、日本などである。

③執政制度と議会

　最後が、執政制度と議会の関係である。どのタイプの執政制度であるかによって、議会のあり方に違いが生じるといわれている。ここでは、大統領制と議院内閣制における議会について論じることにする。ちなみに、半大統領制は両方の特性を併せ持つと考えられる。

a）大統領制

　大統領制下の議会では、議員たちが行政府の長とは異なるプロセスで選出される結果、独立性を持ちやすいため、議会の多数派が流動的でバラバラになる可能性が存在している。政党の枠に縛られないそのような議員たちは、地元の利益を法案に転化することを第一目標とする。つまり議会は利益を法律へと変換する場であると理解される。このような議会のあり方を「変換型議会」という。ちなみに、アメリカなどのように、政府に法案提出権がない場合もあり、基本的には議員提出法案が多くなる。

b）議院内閣制

　議院内閣制の下では、議会から行政府の長が選ばれるので、多数派は固定的で凝集的になるとされる。議会は多数派で造反も少ない政府与党の思い通りに法律が制定されやすいため、野党は討論の中で与党を追及し、国民にアピールすることが第一目標となる。つまり、議会は政策の優劣を競う討論の場であり、これを「アリーナ型議会」という。ここでは、議会の多数派から内閣が選ばれるため、政府提出法案が議員提出法案より多くなる場合が多い。これは日本にかぎらず、イギリスなどでも見られる一般的傾向であり、制度的側面に焦点を当てないままに、議員提出法案の少なさを批判し、むやみに議員立法を増やすべきだと主張することは問題が多いといえる。

2．日本の政治制度

1）内閣制度
①あらまし

　現行の日本国憲法から判断すれば、日本の執政制度は議院内閣制に分類

される。議院内閣制においては、実質的統治者は政府首班となるが、日本ではその政府首班は首相（内閣総理大臣）である。儀礼的存在である国家元首についてはさまざまな議論が存在しているが、本章ではそれは天皇であり、政体は立憲君主制であると考える。

②アクター間の統制関係

首相・内閣と議会との関係について見てみよう。まず首相については、内閣総辞職後や総選挙後に、衆参両院で指名選挙（首班指名）が行われ、過半数の票を制したものが選ばれる。両院間で異なる人物が指名された場合は、両院協議会で決着に至るか、そこで合意に至らない場合は、衆議院の議決が優先される。また、衆議院で内閣不信任決議案が可決されれば（参議院では不信任決議はできない）、内閣は総辞職するか、衆議院を解散させなければならない。つまり、衆議院議員たちは自らの生き残りをかけて、首相および内閣の退陣を迫ることになる。戦後、その内閣不信任案が可決した例は4回ある。

しかしなぜ、内閣不信任が可決するのか、という疑問が生じる。要するに、議会多数派が政府首班を選出する議院内閣制では与党が野党を数でしのぐケースが多く、野党が与党の票を上回って不信任案が可決する可能性は低いと考えられる。事例を見ると、内閣不信任案の可決は、与党が分裂したときか、与党が過半数を割っている「少数内閣」であるときにしか起こっていないことがわかる。ちなみに、内閣不信任案が可決された事例ではすべて、内閣総辞職ではなく、衆議院解散が選択されている。

首相は、不信任以外の理由でも、衆議院を解散できる。これは、2005年、郵政民営化法案が参議院で否決されたことを受け、当時の小泉首相が衆議院を解散した事例（「郵政解散」）を想起すればわかるだろう。

以上の関係を示したのが、図4-1である。

③内閣の権限

次に、内閣の権限を見てみよう。日本国憲法第73条に内閣の権限が列挙されている。それは法律の執行、国務の総理、外交関係の処理、条約の

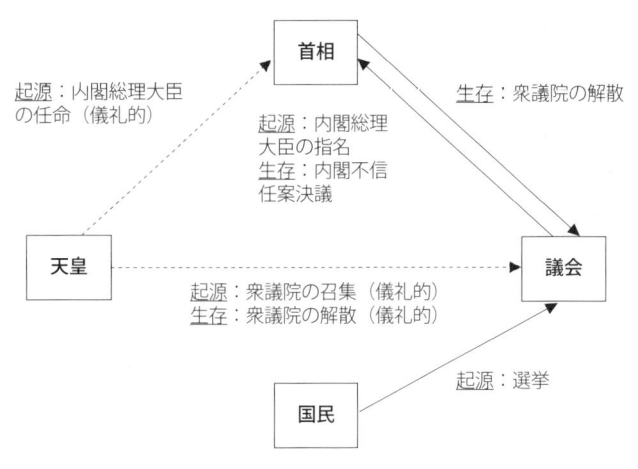

```
                         首相
起源:内閣総理大臣        ↑ ↓        生存:衆院の解散
の任命(儀礼的)       起源:内閣総理
                     大臣の指名
                     生存:内閣不信
                     任案決議

 天皇   ·······→                      議会
         起源:衆議院の召集(儀礼的)
         生存:衆議院の解散(儀礼的)

                                    起源:選挙
                         国民
```

図 4-1　四者の抑制・均衡関係

締結、官吏に関する事務の処理、予算の作成・提出、政令の制定、恩赦の決定、である。それ以外では、天皇の国事行為への助言と承認、国会の召集、最高裁判所長官の指名、といった権限も有している。

　内閣は閣議をもって意思決定を行う。そこでは閣僚の全会一致が原則となっている。つまり、上記の権限は首相だけでは行使できない。この規定は首相の指導性を制約する可能性がある。

④首相の権限

　その内閣の首長が内閣総理大臣（首相）である。首相の権限として挙げられるのは、国務大臣の任命・罷免、行政各部の指揮監督、国会への議案提出、一般国務・外交関係の報告、法律・政令への署名、閣議の主催などである。また、非常事態においては、警察を統制し、防衛・治安維持のための自衛隊を出動させる権限も持つ。

2）議会制度：二院制・委員会中心主義
①あらまし

　日本の議会（以下、国会）について見ていこう。国会は国権の最高機関

とされており、唯一の立法機関である。国会は立法権を独占しており、他の機関から関与されない。

国会には会期が存在する。その会期ごとに種類を分けることができる。第1に、通常国会（常会）がある。毎年1回、1月に召集される。会期は150日と決められており、延長は1回だけ可能である。この日数であるが、イギリスなどが約1年かけるのに比べると短い。第2に、臨時国会（臨時会）がある。これが開かれるのは、内閣が必要と判断したとき、いずれかの議院の4分の1以上の議員から要求があったとき、そして衆議院の任期満了による総選挙、または参議院の通常選挙が行われたときのいずれかである。延長は2回まで可能である。第3に、特別国会（特別会）がある。これは衆議院の解散・総選挙後、30日以内に召集される。延長は2回まで可能である。ちなみに、2009年の総選挙後に開かれた特別国会は4日間で閉幕した。第4に、参議院の緊急集会がある。衆議院の解散中に喫緊の課題に対処しなくてはならないときに開かれる。実際に過去2回開かれているが、いずれも1950年代のことであり、最近での事例はない。日本には、「会期不継続の原則」が存在しており、会期中に議決されなかった案件は廃案となってしまう。ただし、会期終了前に議員の議決で委員会の継続審議とされた場合は、この原則は適用されず、継続となる。

国会議員にはさまざまな特権がある。まず、歳費特権があり、国会議員は国から給料（歳費）を受け取る。次に、不逮捕特権があり、国会議員は会期中には逮捕されない。これは、政治権力の恣意的な逮捕・拘留による議員活動の妨害を防ぐためである。ただし、現行犯や議員の許諾がある場合は逮捕される。そして、免責特権がある。国会議員は、議員で行った演説、討論、表決について、院外で責任を問われないというものである。

国会にはさまざまな権能が付与されている。第1に立法権であり、これはすでに述べた。第2は行政監督に関する権限である。前述のとおり、衆議院は首相を指名し、内閣に不信任決議を突きつけることができる。それ以外には、国政全般について調査し、証人の出頭や証言、記録の提出を要求することができる（国政調査権）。第3に、財政監督に関する権限である。税の賦課・徴収を行うには必ず法律によらなければならないという

原則（租税法律主義）に則っており、予算についても内閣が作成し、国会の議決を経ることになっている。予算に関しては衆議院に先議権がある。第4に、司法監督に関する権限である。裁判官は司法権の独立により身分は保障されるが、職務に問題がある場合、両院議員が設置する弾劾裁判所によって罷免される。第5に、条約の承認を行う。条約の締結は内閣の権限ではあるが、事前でも事後でも国会が承認することが必須となっている。第6に、憲法改正の発議権を有している。各議院の総議員の3分の2以上の賛成によって憲法改正の発議がなされる。

②日本の国会の特徴

　それでは、以下、議会運営と議会構造という2つの軸から、比較を念頭に日本の国会の特徴を述べていこう。

　日本は衆議院と参議院からなる二院制を採用しており、両院間の優越は予算の議決や条約の承認、首相の任命を除いて存在しない（参院で否決された法案は衆院の3分の2以上で再議決ができる）。衆議院のみ解散される可能性があり、参議院は解散されない（衆議院と参議院の違いについては表4-2）。このように、衆議院が参議院に対して圧倒的に優越してはいないという制度的特徴は、衆参両院の第一党が異なるときに「ねじれ国会」を生じさせることとなる（上院の権限が弱いイギリスなどでは法案は下院の意のままに通りやすく、ねじれが生じる余地が少ない）。近年では2007年に自民・公明連立政権が、2010年には民主・国民新連立政権がそれぞれ参議院で過半数を失った結果、「ねじれ国会」が生まれた。それ以前に「ねじれ国会」は1989年と1998年に起こったが、当時の与党の自民党が中小政党と連携するか、もしくは連立を組むことでねじれは解消された。しかし、2007年には二大政党である自民党と民主党が連携する以外、これを解消する選択肢がなくなっていた。同年にこの大連立は模索されたものの、国民から、さらには両政党内からも批判が生まれ、結果的に成立には至らなかった。「ねじれ国会」が最も深刻化する例の1つが、国会同意人事であり、これは両院の同意によって成立する案件を指す。2008年、国会同意人事である日本銀行総裁の指名をめぐって混乱が

表 4-2　衆議院と参議院の違い

衆議院	比較点	参議院
480 人	議員定数	242 人
4 年（衆議院解散の場合には、その期間満了前に終了）	任期	6 年（3 年ごとに半数改選）
満 20 歳以上	選挙権	満 20 歳以上
満 25 歳以上	被選挙権	満 30 歳以上
小選挙区（300 区）300 人 比例代表選出（ブロック別 11 区）180 人	選挙区	選挙区（都道府県単位 47 区）146 人 比例代表選出（全国単位）96 人
あり	解散	なし

出典：参議院 HP　http://www.sangiin.go.jp/japanese/aramashi/chii_kennou.html

生じた。参議院第一党の民主党は政府・与党が指名する人物に同意を与えず、約1カ月、日本銀行総裁が決まらない事態が続いた。このような政治的停滞を批判する人たちからは、「参議院不要論」が提起されてきた。

　また、戦後、占領国・アメリカの影響から、委員会中心主義が採用された。法案は緊急の場合を除き、各委員会で審議され、その後本会議で表決されることとなっている。これは野党にとっては、本会議以外で与党と議論し、妥協する機会が多く設定されていることを意味する。その他、議会運営に関しては、野党が与党の議事進行を遅らせ、法案を廃案へと持ち込むことが可能な仕組みが存在している（議事運営における全会一致、会期制の存在）。野党は政策を作れなくても、与党の提案を採決させずに現状維持に持っていくことはできる。つまり、国会には法案の成立を困難にする性質（これを「粘着性」という）があるといえる。

　以上の特性により、与党は野党に妥協的に議会を運営しなくてはならなくなるという解釈が成り立つ。しかし、議会運営に関しては与党が有利な仕組みになっているという指摘もある。なぜなら、委員会での強行採決も頻繁に行われており、委員会を経ずして法案可決することも可能だからである。さらに、本会議は形骸化しているが、法案を覆すこともできる。

　以上のように、日本の国会は「アリーナ型議会」であり、さらには与党

の思いのままに法案が可決されるための制度的仕組みが整っている。しかし、野党が存在感を示し、与党に妥協を迫れる機会も多く存在している。強力な参議院の存在は、特に「ねじれ国会」に顕著なように、野党のプレゼンスを高めることに一役買っていると考えることができる。

(笹岡伸矢)

参考文献

建林正彦・曽我謙悟・待鳥聡史『比較政治制度論』有斐閣、2008年
中村勝範編『主要国政治システム概論〔改訂版〕』慶應義塾大学出版会、2005年
小野耕二『日本政治の転換点〔第3版〕』青木書店、2006年
伊藤光利・田中愛治・真渕勝『政治過程論』有斐閣、2000年
岩井奉信『立法過程』東京大学出版会、1988年
平野浩・河野勝編『アクセス日本政治論』日本経済評論社、2003年
藤本一美『現代議会制度論 日本と欧米主要国』専修大学出版局、2008年

5章　選挙制度

> **本章のねらい**
> ・選挙制度の種類とその特徴を知る
> ・選挙制度がいかなる政治的帰結をもたらすかを考える
> ・選挙制度の政党システムへの影響をめぐる議論を概観する

1．選挙制度とは何か

1）選挙制度とは何か

　政治参加の形態には、選挙における投票参加と、市民運動や住民運動などの選挙以外の政治参加があるが、国民の多くが政治に参加していると最も身近に感じるのは選挙の時ではないだろうか。選挙とは、主権者である国民（有権者）が代理人である政治家や政党を選ぶことをいう。そのあり方を規定するルール、すなわち、どのように選び出すかを定めるルールが選挙制度である。選挙は、政治に特有の制度でも、デモクラシーに固有の制度でもないものの、現代の多くの国々において、国民が政治的意思を表明する重要な手段であり、また政治家の政治生命や政党の勢力関係に影響を与える重要な手段である。政治家や政党にとっても、選挙は、正当な手続きによって自らの政治信条の実現や政権獲得を目指すための重要な手段となっている。その意味で、選挙は民主主義体制の根幹をなし、選挙制度は民主主義体制のあり方に影響を与えるルールであるといえよう。

　選挙制度のあり方は、有権者と政治家・政党の行動にもかかわってくる。選挙において、有権者は自らの投票をできるだけ有効に使いたい（自分が支持する候補者を当選させたい）と思っているし、政治家や政党は議

席の獲得およびその維持・拡大を目指しているからである。それゆえ、選挙制度のあり方は、さまざまな側面で有権者と政治家・政党の行動にも影響を与える。つまり、選挙制度が変われば、それに対応して有権者の投票行動、政党組織やその活動、政治家と政党との関係なども変わってくる。さらには、選挙によって選ばれる政治家によって構成される議会のあり方にも影響を与えるのである。

　選挙制度は国や地域ごとにさまざまであるが、①代表制（議席決定方式）、②選挙区制（選挙区定数）、③投票方式という3つの要素に基づいて各国の選挙制度を整理すると、大きく3つのグループに分類される[*1]。第1は、相対（単純）多数代表制を採用するグループであり、イギリス、アメリカ、カナダ、そして94年までの日本などが含まれる。第2は、比例代表制を採用するグループで、ベルギーやスウェーデンなどが含まれる。そして、第3は、混合制（折衷型）の選挙制度を採用するグループで、ドイツ、94年以降の日本、2006年以降のニュージーランドなどが含まれる。近年、相対（単純）多数制と比例代表制が持つ利点と欠点のバランスをとる混合制を採用する国が増えてきている。

　なお、選挙制度を政治制度全般の中で議論しなければならないことはいうまでもない。たとえば、二院制において上院や参議院が担っている役割、大統領制と議院内閣制における行政府（政府）と立法府（議会）との関係、政党の党議拘束の有無なども重要な要素だろう。しかしながら、本章では、国政レベルの、特に下院の議会議員選挙（日本でいえば衆議院選挙）のあり方を規定する選挙制度のみを取り上げることにしたい[*2]。

2）現代における選挙の原則

　選挙制度の種類とその特徴を見る前に、現代における選挙の原則を確認

(*1) その他の要素として選挙サイクル（任期、再選制限、選挙のタイミングなどの時間的要素）が挙げられる。選挙サイクルは、上院、下院、大統領、地方議員選挙など、異なるレベルの選挙間の連動の大きさを規定する
(*2) 本章での記述は、第1節については川人・吉野他（2001年）、建林・曽我・待鳥（2008年）に、また第2節については加藤（2003年）に、大きく依拠している。

しておこう。今日、選挙の最も基本的な原則（普通・平等・直接・秘密投票の原則）は多くの民主国家において憲法で定められており、その原則に基づいて選挙は実施されている。

　普通選挙の原則とは、身分、階級、人種、宗教、性別、財産の程度などによる差別を受けることなく、一定の年齢に達した者すべてが選挙権を持つという原則である。

　平等選挙の原則とは、個々の有権者が行使する内容に制度上の差別のない、「一人一票」の選挙権を持つという原則である。その原則の実現後、現代では、一票の価値の平等性（原則は「一票一価」）が問題とされるようになってきている。すなわち、選挙区による「一票の格差」の問題である。平等選挙の原則を考えれば、格差（不均等）を是正する姿勢を明確に示すことが重要かつ必要不可欠となる。

　直接選挙の原則とは、有権者自身が直接代表（公職に就くべき者）を選出するという原則である。日本においては、1890年の第1回衆議院議員選挙以来、この原則に基づいて選挙が実施されている。

　秘密選挙の原則とは、選挙による投票の秘密が守られ、有権者の自由な意思による選挙権の行使が保障されなければならないという原則である。

3）選挙制度の分類
①代表制（議席決定方式）による分類

　第1に、代表制（議席決定方式）に注目すると、小選挙区制に見られるような安定政権の創出を重視する多数代表制（majority representation）と、民意の公正な代表を重視する比例代表制（proportional representation system：PR system）という基本的に性格や選び方の異なる2つの制度に分けることができる。大雑把に分けると、多数代表制はイギリスとかつてのイギリスの植民地であった国々の多くで、比例代表制は北欧、ヨーロッパ諸国の多くで採用されている。

　近代以降の議会制民主主義の歴史の中で、選挙制度は政治思想の観点から論じられてきた。その議論の多くが代表制（議席決定方式）をめぐるものであったといってもよい。選挙制度論の古典として、イギリスのウォル

ター・バジョットの『イギリス憲政論』（1867 年）と J. S. ミルの『代議制統治論』（1861 年）が挙げられるが、バジョットは多数代表制論を、ミルは比例代表制論を展開した。また、戦前の日本においても、吉野作造の小選挙区制論、美濃部達吉の比例代表制論など、極めて質の高い選挙制度論が展開されてきた。

多数代表制は、選挙区ごとにあらかじめ決められた議員数について、得票数の多い順の候補者が当選とする制度であり、多様な意見や利益を持った有権者の意思を、選挙の段階で大きく集約するように働くものである（集約から漏れたものは「死票」となる）。このような多数代表制は、社会内の多数派の意思を重視し、過大に代表に反映させることにより、政権や議会運営を安定させる、という理念に基づいている。なお、多数代表制度は、さらに、選挙区での得票順位のみを問題とする相対（単純）多数制（relative majority system）と、過半数の得票（絶対多数）を求める絶対多数制（majority system）に分けられる。イギリスやアメリカでは相対（単純）多数性をとり、フランスでは（二回投票制による）絶対多数制をとっている。

比例代表制は、選挙区の複数の議席について、多数党派、少数党派に関係なく、各政党の得票率に比例した議席を各党に配分する制度である。多数代表制に比べて死票が少なく、民意が比較的正確に議会に反映されることが、この比例代表制の特徴だとされる。選挙の段階で有権者の意思を大きく集約する多数代表制とは異なり、比例代表制は、選挙の段階では民意の比較的正確な反映に重点を置き、さまざまな民意の調整を議会に委ねる。また、議席換算方法がかなり複雑なことも、比例代表制の大きな特徴である（小数点以下の端数まで処理するため）。実際の議席換算方式としてはドント式、ヘアー式、最大剰余式（ニューマイヤー式）、サン・ラゲ式など数種類の方式が考案され、世界各国で採用されている（それらの細かい計算方法についてはここでは省略）。なお、日本、スペイン、ベルギー、1987 年までのドイツなどではドント式が採用され、韓国、イタリア、ロシアなどではヘアー式が採用されている[3]。

比例代表制に伴うルールとして、議席配分に必要な最低得票率（阻止条

項）がある。たとえば、スペインでは3％、ドイツ、ベルギーでは5％となっている。このルールの導入の目的は小党乱立となって政局が不安定になるのを防ぐことであったが、極右政党などの国政進出を阻むという効果もあった。

②選挙区制による分類

第2に、選挙区制（選挙区定数〈district magnitude〉）、すなわち各選挙区から選ばれる議員の数に関するルールに焦点を当てると、小選挙区制（single-member district system）と大選挙区制（multi-member district system）に分けられる。しばしば選挙区の面積や有権者数の大小による区分であるような誤解を与えるが、これは選挙区定数による区分であり、定数が1か複数かという違いに質的な差を見出すのが一般的である。

小選挙区制は、選挙区の定数が1、すなわち1つの選挙区で1人の議員を選ぶ制度（一人区制）である。日本よりも面積が大きいアメリカ合衆国のカリフォルニア州やテキサス州でも、上院議員選挙は各州で1人を選出する「一人区制」であり、小選挙区制と分類される。大選挙区制は、1つの選挙区から複数の議員が選出される制度である。各選挙区の定数が10〜20のところが多い。

現在の参議院の「選挙区選挙」や都道府県議会選挙の一部と、93年までの衆議院の選挙区に見られた日本の「中選挙区制」（1選挙区から3〜5名を選ぶ方法）は、1選挙区の定数が複数という点から、定義上は大選挙区制の一種と見なされる[*4]。

③投票方式による分類

第3に、投票方式に関するルール、すなわち、有権者が記入する投票用紙がどのような形態なのかというルールに焦点を当てると、大きく2つ

(*3) ドント式の議席配分は、各党の得票数を整数で順に割っていき、その票の大きい順に議席を割り当てていく（定数分の議席を配分し終わるまで続ける）。ドント式は大政党に若干有利になるといわれている。

(*4) 3つの種類（小選挙区制、大選挙区制、中選挙区制）に区分されることも多い。

に分類することができる。すなわち、単記投票制（single-ballot system）と連記投票制（multi-ballot system）である。

単記投票制は、有権者が投票用紙に１人の候補者ないしは１つの政党名を書く投票方式であり、小選挙区制に対応した投票方式である。連記投票制は、有権者が投票用紙に複数の候補者名ないしは政党名を書く投票方式であり、大選挙区制に対応した投票方式である。また、選挙区の定数と同数の候補者名を連記する方式のことを「完全連記投票制」と呼び、選挙区の定数よりも少ない数の候補者を連記する方式のことを「制限連記投票制」と呼ぶ。なお、投票用紙については、日本のように有権者が用紙に書く例外的な自書方式のほかにも、候補者や政党の名前やシンボルの横に印を付けるマーク方式など、いろいろある。

また、投票方式については、有権者がどのように投票を行うのかという側面から、候補者方式、政党方式、選好投票方式という３つに分類することもできる。候補者方式とは候補者の個人名を選択する方式で、得票は候補者個人に与えられたものとされる（「非移譲式」といって、同一政党の別の候補者などには移譲されない。なお、当選した候補者の残余票が他の候補者に移譲されることを「移譲式」という）。政党方式とは政党名を選択する方式で、たとえば比例代表制においては、有権者は選挙時にそれぞれの政党が優先順位を付けて提出した候補者名簿を基に、いずれかの政党を選択する方式である。候補者方式と政党方式の中間形態が、選好投票方式である。政党への投票と、その政党の中の個別の候補者への投票を同時に行い、有権者は各政党が優先順位を付けずに提出した名簿の中から個別の候補者への支持を表明することができる。政党方式と選好投票方式の決定的な違いは、候補者名簿の順位付けを政党が行うか有権者が行うかということにある。このような候補者名簿の特性から、政党方式に基づく比例代表制を「拘束名簿式（closed list）比例代表制」、選好投票方式に基づく比例代表制を「非拘束名簿式（open list）比例代表制」と呼ぶことが多い。

これまで、代表制（議席決定方式）、選挙区制（選挙区定数）、投票方式という３つの要素に基づいて分類し、選挙制度の種類とその特徴につい

て説明してきた。それでは、それらの選挙制度はどのような政治的帰結をもたらすのだろうか。第2節では、選挙制度が政治的帰結、特に政党システムに及ぼす影響について見てみよう。

2．選挙制度と政党システム

1）選挙制度と民主主義

日本で行われた選挙制度改革の過程では、「小選挙区制の導入で政権交代可能な二大政党制（政党システム）の実現を」というような主張がよく聞かれた。このような主張は、ある選挙制度を採用することにより、その政治的帰結として、ある政党システムがもたらされる、という因果関係の存在を前提にしている。つまり、小選挙区制と二大政党制とが結びつけられているのである。

小選挙区比例代表並立制の下で行われた5回目の衆議院議員選挙（2009年8月30日実施）において、日本でも政権交代が実現した。それでは、小選挙区比例代表並立制の導入によって政権交代可能な二大政党制がもたらされたと考えてよいのだろうか。つまり、選挙制度には政治的帰結（政党システム、有権者と政党の行動など）に与える強力な作用があると考えてよいのだろうか。

選挙制度との関連で長く議論が繰り広げられてきたのは、政党システム（party system）であった。政党システムとは、主要政党の数や政党間の勢力関係についての枠組みのことである（一党制、二党制、多党制など）。政党システムによって、その国の政治のあり方、民主主義体制のあり方そのものが変わるともいわれる。そのため、政党システムに選挙制度が及ぼす影響が注目されるのである[*5]。有権者の意思が選挙の段階で集約され

[*5] 政治システムの安定性に及ぼす選挙制度の影響についても考える必要がある。たとえば、「比例代表制は小党分立を招き、政局不安定となる」というような議論についても検討が必要であろう。また、機能する安定した民主主義はイギリス型かスカンジナビア型かいずれのタイプであるとしたアメリカの政治学者ガブリエル・アーモンドや、その反証として多数代表制でない「多極共存型民主主義」の理論を展開したオランダの政治学者レイプハルトの議論についても検討されるべきであろう。

るのか、あるいはされないのか。また議会にどのような社会勢力が代表されやすいのか、あるいは代表されにくいのか。こういった議席決定方式や選挙区定数など、政党システムに影響を及ぼす諸要因は選挙制度によって規定されているからである。

　選挙制度が政治システムのあり方に及ぼす影響をめぐって、これまでさまざまな議論がなされてきた。それらの議論を簡単に紹介しておこう。

2）選挙制度の政党システムへの影響
①デュヴェルジェの議論

　選挙制度が政党システムおよび政党のあり方に大きな影響を及ぼすことを最初に体系的に主張したのが、フランスの政治学者デュヴェルジェ（M. Duverger）である。彼は、政党の数に注目して、小選挙区制（相対多数制）は二大政党制をもたらし、比例代表制は多党制をもたらす「傾向」があると主張した。彼の主張は、政治学者の間では、「デュヴェルジェの法則」として知られている（正確には次の3つの法則を指す。㋐比例代表制には多くの政党を形成する傾向がある。㋑相対多数代表制には、二党制をもたらす傾向がある。㋒二回投票制には多くの政党を互いに連合させる傾向がある）。

　デュヴェルジェは、小選挙区制が二大政党制をもたらす理由として、小選挙区制において第三党を排除するように働く「機械的要因」と「心理的要因」が存在すると指摘した。機械的要因とは、各選挙区で定数1を争う小選挙区制では、当選するのが第一党か第二党に属する候補者ばかりとなり、第三党が議席を獲得することがかなり困難なために、極端に過小代表されることを指す。心理的要因とは、有権者が第三党に投票し続けてもその票が議席に結びつかず死票になってしまうことにすぐ気付いて当選可能性のある候補者に投票することや、それに対応して小政党が選挙から退出することを指す。デュヴェルジェによれば、これらの機械的要因と心理的要因により、結果として二大政党制に近くなるという。

　こうした要因により、小選挙区制の下では第三党以下の政党は淘汰されていく。これに対して、比例代表制では、第三党やその他の政党の議席獲

得を妨げるこれらの要因はそれほど働かない。各党はそれぞれの獲得した得票率にほぼ比例する議席が配分される。その意味で比例代表制はより公平なシステムである。したがって、デュヴェルジェによれば、比例代表制においては小選挙区制の場合より政党の数が多くなる傾向があり、多党制の登場を促進することになるという。

　デュヴェルジェの法則は、選挙制度が議席の配分、政党の数にどのような影響を与えるかというものであり、それは、基本的には選挙制度が政治的帰結に与える影響は大きいとする立場からなされたものだった。デュヴェルジェの法則は、主要大国（アメリカ、イギリス、フランス、ドイツなど）の事例を比較的うまく説明していたため、多くの比較政治学者にも支持されてきた。しかしながら、中小諸国も含めて検討してみると、その「法則」にあてはまらない例外が存在することが少なくなかった[*6]。たとえば、小選挙区制にすれば第三党以下の政党が淘汰されて二大政党制に近くなるとはかぎらず、イギリスのように第三の政党（自由民主党）が躍進してきたり、カナダのようにいくつもの地域政党が勢力を持ったりすることもあった。また比例代表制を採用していても、カトリック勢力と世俗的勢力に二分されているオーストリアでは二大政党制に近い政党システムが長く続いたり、1970年代までのスウェーデンのように一党優位体制になったりすることもあった。

②ロッカンの議論

　このような例外が発生する条件を検討する中で、選挙制度と同様に、経済・社会状況などの環境条件と政党システムとの関連が注目されるようになった。つまり、各国の政党システムのあり方を決定づける要因は、選挙制度（あるいは選挙制度だけ）ではないという主張が生まれてきたのである。

　ノルウェー出身の政治社会学者ロッカンは、米国の社会学者リプセット

(*6) ただし、こうした事例はデュヴェルジェの法則が全体として「誤り」であることを示すことを意味しない。

とともに、選挙制度が政党システムを規定するのではなく、社会内で歴史的に形成された社会構造上の「社会的亀裂（クリーヴィッジ）」などが政党システムを規定していると主張した。社会的亀裂とは、宗教、言語、民族、階級、国内イデオロギー対立などのことである。ロッカンによれば、そのような社会的亀裂によって社会のメンバーが分断されている場合、社会的亀裂で形成される集団ごとに支持する政党が決まり、その社会構造で政党システムが決まるという。つまりは、政党システムが先にあって、選挙制度はその結果にすぎないというのである。したがって、社会的亀裂のあり方によって、同じ選挙制度でも異なる政党システムになる可能性が高いという。

このように、ロッカンの議論では、選挙制度の効果は限定的なものであり、政治制度を変えても政党システムが変わるわけではないということになる。彼の立場は、選挙制度が政治システムに大きな影響力を持つと考えたデュヴェルジェの立場とは対照的であった[7]。

③サルトーリの議論

選挙制度の政治システムへの影響について、その効果は強力であるとするデュヴェルジェのような議論と、効果は限定的とするロッカンのような議論を包摂しようとしたのが、イタリアの政治学者サルトーリであった。サルトーリの選挙制度論の要点は、選挙制度が政党の数の増減に影響を及ぼすかどうかは、その国の政党のあり方（政党システムの「構造化」の程度）に左右される、というところにあった。では、彼の議論を順に見てみよう。

サルトーリは、まず、政党が各国の社会に根を下ろし、政党が「構造化」されているかどうかという基準を設けた上で、構造化の「強い政党制」の国と、構造化の「弱い政党制」の国の2つに分類した。サルトーリのいう「構造化」とは、大衆が政党に加入（関与）している程度のことを

---

[7] ロッカンの研究の特徴は、社会構造を視野に入れ、長期的な歴史的観点から政治を分析したところにある。

指していると考えられる。つまり、構造化の「強い政党制」の国とは、政党に大衆が関与する組織的大衆政党が一般的な国（たとえば、イギリス）。その反対に構造化の「弱い政党制」の国とは、一般大衆が政党に加入・関与していない議員政党的な名望家政党が多い国ということになる。

　このように、政党制の構造化の強弱による分類を用いながら、彼は選挙制度論を展開していく。サルトーリによれば、デュヴェルジェの議論では、多数代表制（小選挙区制）は二党制をもたらす傾向があるとされるが、それはイギリスのように構造化の強い国で起こる現象で、政党制の構造化が弱い国では、そうなるとはかぎらないという。

　続いて、選挙制度についても、「拘束性」という基準で、その拘束性の強弱を２つに分類していく。この基準でいうと、小選挙区制などは、拘束性の「強い選挙制度」で、比例代表制は拘束性の「弱い選挙区制」となる。それはどういうことだろうか。まず、拘束性には、有権者に対する作用と、政党への作用とがあるという。すなわち、有権者に対して選択肢が少ないところで選択を迫る制度が、「拘束的」な選挙制度である。このような基準からすると、小選挙区制では、候補者数が絞られることになるので拘束性が強く、比例代表制では政党が乱立してくるので、拘束性が弱いとうことになる。

　政党に対しては、政党の数を減少させるように作用することを「拘束性」と呼んだ。たとえば、小選挙区制では、小政党はバラバラでは勝てないから政党連合化しようとする。つまり、小選挙区制は拘束性が強い制度ということになる。反対に比例代表制では、その圧力が弱いので、比例代表制は拘束性が弱いことになる。

　そして最後に、政党制の構造化の強弱による２つの類型と、選挙制度の拘束性の強弱による２つの類型とを組み合わせて、以下の４つのケース（a「構造化の強い政党制」と「拘束性の強い選挙制度」の組み合わせ、b「構造化の強い政党制」と「拘束性の弱い選挙制度」の組み合わせ、c「構造化の弱い政党制」と「拘束性の強い選挙制度」の組み合わせ、d「構造化の弱い政党制」と「拘束性の弱い選挙制度」の組み合わせ）について検討していった。そのねらいは、それぞれのケースに応じて選挙制度の影響

が異なることを示すことであった(*8)。

このようにサルトーリの選挙制度論の特徴は、その国の政党制の構造化の程度に規定されるというところにある。その意味では、サルトーリの議論（および今日の主要な議論）はデュヴェルジェ法則を修正・発展させたもの（「法則」の及ぶ範囲、条件を明確にし、法則を精緻化したもの）といえるかもしれない(*9)。

それでは、政治改革が目指した政権交代可能な二大政党制が現実になりつつあるようにも見える現在の日本は、サルトーリの選挙制度論の中で、どのように解釈されるのだろうか。日本は政党制の構造化が強まったのだろうか。政党が社会に根を下ろした国に変わったといってよいのだろうか。

3．現代日本の選挙制度

最後に、現在の日本の選挙制度を見ておこう。現在の日本の衆議院で採用されている選挙制度は、1994年（1996年の衆議院議員選挙選挙から実施）に導入された「小選挙区比例代表並立制」である。この選挙制度は1990年代の政治改革の一環として導入された選挙制度で、その特徴は小選挙区制（300議席）と比例代表（180議席［2000年までは200議席］）

(*8) a）政党が社会に根を下ろしている国で、多数代表制（小選挙区制）が採用されているケースである。そこでは、小選挙区制の政党数削減の作用が働き、二大政党制に近くなる。　例：イギリス
　　b）政党が社会に根を下ろしている国で、比例代表制が採用されているケースである。二大政党制が構造化されている国で、比例代表制を採用しても、選挙制度の作用はあまり働かず、既存の二大政党制に変化をもたらすことはないという。　例：比例代表制を採用していたにもかかわらず、長く二党制が続いていたオーストリア
　　c）政党があまり社会に根を下ろしていない国で、多数代表制（小選挙区制）が採用されているケースである。選挙区レベルでこそ、2人の候補者が激しく争うことになるかもしれないが、それがそのまま全国的な二大政党制となる保証はない。　例：日本
　　d）政党があまり社会に根を下ろしていない国で、比例代表制が採用されているケースである。この場合、選挙制度が特に影響を及ぼすことはない。したがって、その国では既存の政党制がそのまま続いていくと考えられる。
(*9) ただし、社会科学の「法則」は決定的ではあり得ず、またそうであることは決してないということはいうまでもない。

を組み合わせたところや、小選挙区の議席の方が多く、小選挙区制（1つの選挙区から1名を選ぶ方法）の影響が強いところにある。それまで長い間、日本では、中選挙区制（1選挙区から3～5名を選ぶ方法）という選挙制度が採用されてきた。それではなぜ、選挙制度の変更が行われたのだろうか。

　日本の中選挙区制では、衆議院の過半数を得るためには、1選挙区の議席をめぐって同じ政党（自民党）の候補者同士が戦わざるを得なかった。彼らは、政党レベルの政策では差別化できないため、個人後援会を組織し、派閥からの支援に頼り、地元や業界団体への「利益誘導」の力量を競い合うことになった。さらに、選挙に膨大な政治資金を要したことは、派閥政治の強化と腐敗政治を生むことにつながった。そのため、1994年に公職選挙法が改正され、現在の選挙制度が導入されたのである。90年代の選挙制度改革は、候補者が地元の利益や業界への利益誘導で争うそれまでの選挙から、政党の政策で争う、政権交代可能な選挙へと変更することを目指したものといえる。

　政治の行方に大きな影響を与える選挙制度について知ることは、現在の政治を理解する上で重要になってくる。したがって、政権交代が現実となった日本においても、選挙制度が政治的帰結に及ぼす影響については、さまざまな側面から、さらに検討を加える必要があるだろう。

（杉守慶太）

参考文献

岡田浩・松田憲忠編『現代日本の政治：政治過程の理論と実際』ミネルヴァ書房、2009年
加藤秀治郎［編訳］『選挙制度の思想と理論』芦書房、1998年
加藤秀治郎『日本の選挙：何を変えれば政治が変わるのか』中公新書、2003年
河合秀和『比較政治・入門〔改訂版〕』有斐閣、2000年
川人貞史・吉野孝他『現代の政党と選挙』有斐閣、2001年
建林正彦・曽我謙悟・待鳥聡史『比較政治制度論』有斐閣、2008年
ジョヴァンニ・サルトーリ、工藤裕子訳『比較政治学：構造・動機・結果』早稲田大学出版部、

2000（1997）年
モーリス・デュベルジェ、岡野加穂留訳『政党社会学』潮出版社、1970（1954）年
(カッコ内は原著発行年)

第Ⅲ部
政治過程

A. アクター
B. プロセス

6章　政治過程の概説

> **本章のねらい**
> ・日本の政治における政治過程の基本的な流れを理解する
> ・日本の政治過程におけるさまざまなアクターについて理解する
> ・日本の政治過程と天下りや談合との関係を理解する

1．政治過程とは

　政治過程とは、国民およびその集団の意見・要求が表出され、その意見・要求が議会や政府に導入・調整・決定され、さらにその決定が実施されるに至る過程のことをいう。そしてこの一連の政治過程には、政治を定型化するためのさまざまな政治制度を背景にしながら、政治家、官僚、有権者、さらには議会、内閣、行政機構、政党、圧力団体、市民運動団体、マスメディアなどの組織が深く関与する。政治学ではこうした政治行動の主体をアクター（actor）とよび、諸アクターが政治舞台の上で関係（対立・相互作用）しあいながら現出する状況の連鎖を政治過程としてとらえる。つまり、議員、政党、官僚、圧力団体、世論、選挙などのアクター間の活動に注目し、いかなる過程を経て、どのような法律や政策が作られるかは諸アクター間の綱引きの結果であると理解するのが政治学（政治過程論）である。それはまた、政治を制度や機構の形式的な研究ではなく、政治の生きた実態を分析しようとするもの、政治を動態的・政治力学的に把握しようとする学問である。

　政治過程を理解するためには、それを芝居の進行に例えて見るとよく理解できる。芝居に舞台があるのと同様、政治過程にも政治の「舞台」が想

定される。そして舞台装置として大道具、小道具のほか衣装や照明が用意される。これらは芝居の進行上なくてはならないものであり、また芝居の雰囲気を作り出したり、効果を高めたりするものである。政治過程にとって舞台装置に相当するものは議院内閣制、大統領制、選挙制、官僚制などの政治制度や文化、イデオロギー、さらには権力の資源などである。これらのうちのあるものは政治の進行に一定の型を提供し、安定を生み出すが、あるものは停滞や混乱をもたらす。

　さて、芝居に不可欠なのが役者であるが、政治の舞台にもそれぞれがある種の役割をになった、行為の主体としてのアクターが登場する。いずれが主役か脇役かは別にして、アクターには、一般に、国民＝有権者、国会、内閣、裁判所、官僚組織、政党、圧力団体、市民運動団体などを挙げることができる。これらのアクターは、与えられた役割の中で権力的資源を駆使して影響力を最大ならしめるべく政治的技量を競い合う。そこでは合理的説得・和解から操作、懐柔、詐欺、裏切り、泣き落とし、威圧、強制、拷問、暗殺、謀略、戦争に至るまであらゆる手だてが駆使されつつ、筋書きのない即興のドラマともいわれる政治が繰り広げられることになる。では、以下、わが国の政治過程＝政策形成・実施過程をたどりながら諸アクターについて検討し、日本国の政治過程を明らかにすることにしよう。

2．アクター

1）国民＝有権者

　わが国の政治過程は、民主政治、特に日本国憲法上で規定されている「議会制民主主義」という政治制度を前提としている。そして議会制民主主義を有効に作動させるための重要な制度が、国民＝有権者がアクターとして自らの意思を政治に反映させる手段としての選挙である。しかし、今日、選挙という政治制度は、政府や政党が掲げた公約やマニフェストが選挙後に十全に実施されることは決して多くはないという従来の実績からすると、有権者の意見や要求を国政に反映させるものとして十分に機能して

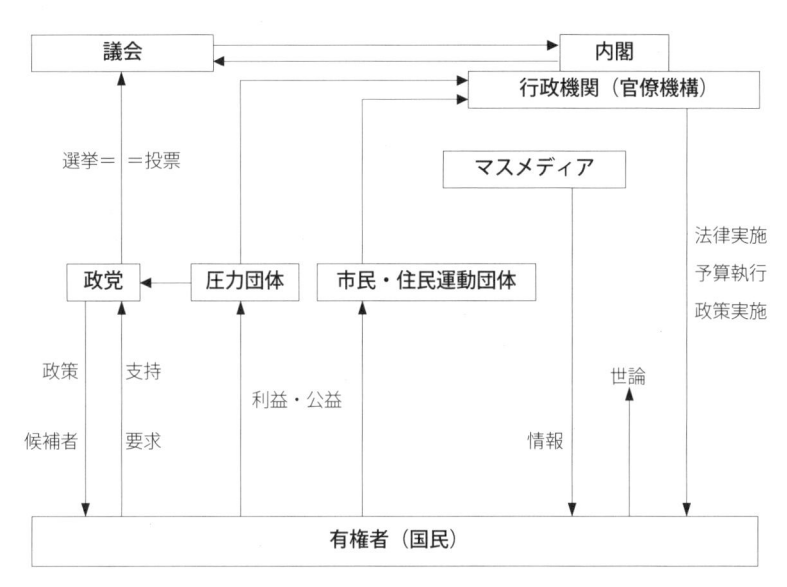

図6-1 日本の政治過程

いるとはいいがたい。むしろ、実際には選挙を通じて有権者は政府の政策に大枠をはめるという程度の機能を発揮しているにすぎない。したがって、選挙という制度だけでは国民＝有権者は自らの意思や利益を表明・表出するのは困難だといえる。他方、日本国憲法には「請願権」が規定されており（16条）、国民＝有権者はこれをアクターとして活用することも可能である。しかし、請願は国会の会期末に一括して採択され、内容の審査が行われることは皆無に等しく、請願に対して国家機関は受理する義務しか負わないのが現状である。

2）裁判所

有権者は、既存の政党や国家の不作為などによって不利益を被っている場合には、裁判所＝司法による救済が行われ、その判決が政策に反映されることもあり得る。ただ、裁判所の判決を経由して（国民が望む）政策の変更や政策の実現を目指す、というやり方はあまりに消極的かつ迂遠な方法である。

3）後援会

　選挙、請願権、裁判所を通じての意見・要求の表明がこのように不十分なものであるなら、有権者は別の方法を採らなければならない。その１つが後援会である。これは、ある政治家（特に地元選出の）の後援会に参加し、そこで自らの意見や要求を明らかにしてその実現を目指すという方法で、そのプロセスとは以下の通りである。まず、有権者から出された日常生活レベルの要望は地元の活動家（世話人）を経て、その地区選出の政治家の後援会の支部・地区会長（町内会長など）、また後援会支部長に届けられる。そして通常、保守系の市長や市議などを兼任している後援会支部長は、この地方自治体レベルで多くの政策要求・要望の解決を図る。有権者の要望が市町村レベルでは解決できないような、より広域にわたるものの場合、今度は県議などを務めている後援会会長や副会長が登場して、その解決に乗りだす。しかし、有権者の要望がこうした地方レベルでは解決し得ないものの場合、すなわち補助金や政策金融、税の特別措置、公共事業、許認可といった、いわば中央に依存しなければ実現できないような政策要求の場合、後援会は自らがバックアップしている国会議員の力を借りる。このように、後援会を経由してのボトムアップ的なプロセスを通じて、有権者の要望は明らかにされる。そして明らかにされた有権者の要望が実際にかなった場合、見返りとして「票」や「政治資金」が有権者に求められる。

4）利益団体・圧力団体

　しかし、有権者の政策要求・要望は前述のような地域限定的なものばかりではない。特に有権者が職業人・勤労者の場合、その業界の利益は地域を超えて広がることが多い。そこで、職業人である有権者は自らが所属する企業や業界を組織し、政治家や官僚に向かって自分たちの利益を表出・伝達しようとする。ここに、政治に関心を持つ集団としての利益集団（interest group）、とりわけ人々が職業的な利益の下に組織される利益団体が成立し、それを通じて職業人は自らの政策要求を明らかにする。なお、利益団体が自らの利益を擁護・推進するために政治家や官僚に働き

かけを行うとき、この団体は圧力団体（pressure group）となる。そして後援会同様、利益団体の要望が満たされたとき、見返りとして「票」や「政治資金」が利益団体に求められる。わが国の利益団体には、日本医師会などの専門家団体、全国市長会などの地方団体のほかに、経済団体、労働団体、農業団体などがある。

5）市民運動団体

また、後援会、利益団体のほかに、地域住民の利益を代表し得るものとして、市民運動団体がある。市民運動には「生活防衛運動」＝「生活基盤防衛型運動」と「生活拡充運動」＝「生活基盤拡充型運動」がある。前者は公害などの問題に対する事後的な運動であるのに対して、後者は「まちづくり」や地域計画への参加など事前的な運動であり、最近の市民運動の特徴でもある。また、市民運動団体は、上述の利益団体が職能利益を基盤とし、集団利益の増進を求めて「促進型」の運動を展開するのに対し、市民運動団体は地域利益を基盤にし、既存の良好な自然・生活環境の保全を要求する「抵抗型」の運動を展開する。

6）マスメディア

さらに、有権者の政策要求は、選挙、後援会、利益団体、市民運動団体の活動以外に、新聞や雑誌、テレビ、ラジオなどのマスメディアを通じても表明される。マスメディアは事件や事故などの事実だけではなく、新聞での投書欄やテレビやラジオの視聴者参加のように、幅広く有権者の意見を集約して報道し、また解説や論説、あるいは特定の問題についての調査結果を独自に発表している。これにより、マスメディアは世論を喚起しつつ、政治家や官僚といった政策形成者に対し有権者の動向を知らせ、有権者の要求を代弁的に表明し、いわば有権者と政治家を媒介する。特に、後援会や利益団体とも縁がなく、政治家との直接的な関係も薄い有権者や上述の「抵抗型」の運動を展開する市民運動団体にとって、マスメディアは投書、広告などを通じて、大きな武器となり得る。

7）政治家

　以上のような諸々のアクターから政策要求を受けとめ、それを政策に反映させるのが政治家＝国会議員の仕事である。政治家は、前述のように、後援会レベルでは解決できない類の要望の場合、後援会幹部の政策要求を受けとめ、選挙区からの陳情を適切に処理し、中央省庁に対するその斡旋に奔走することになる。つまり、政治家は、中央と地元選挙区との橋渡しを行い、公共事業などの予算を確保するための、いわば選挙区と国とのパイプ役である。利益団体についても同様であり、利益誘導は地元選挙区だけではなく利益団体、業界団体に対するものもある。政治資金を得るために、政治家は利益団体と強く結びつき、団体の政策要求を受けとめ、その実現に尽力する一方で、政治資金の増収を図る。

　ところで、後援会は政治家にとって地元の政策要求を把握するための機関であると同時に、選挙区での活動を展開し、かつ集票を容易にするためのものである。衆議院に小選挙区比例代表並立制が導入されて政党本位の選挙制度が目指されても、議員が現在も最も依存するのは後援会である。そしてこうした後援会を維持・拡大していく上で、政治家が特定の政策領域に精通し、行政＝官僚に対して影響力を行使できる議員へと成長することが重要とされる。かくして、政治家は「族議員」を目指すことになる。小選挙区制が定着した今日でも、地元選挙区への利益誘導に対する政治家の関心が極めて高いのは、地域への利益誘導を図り、後援会を磐石にするためである。本来、有権者に公約した政策を実行するために政治家が官僚を動かして行政を統制することは正当なものである。ただ、「全国民の代表」であるべき政治家が特定分野に影響力を実際に行使するのは、地元や後援会の票や、利益団体の票および政治資金を集めるための（公共政策の形成・決定に「私事性」を含ませている）場合が多いことから、族議員に対する批判はやまない。

8）官僚組織

　政治家の要望などを踏まえて、「新規立法」「法令改正」という形で新たな政策を打ち出すのが官僚である。わが国では、「新規立法」「法令改正」

の多くが内閣提出法案に基づくもの、すなわち官僚組織による立案である。

　官僚レベルでの法案、すなわち政策の「草案」策定は、通常は1つの「課」が担当する。主管の課長は、課長補佐・係長とともに政策課題として取り上げ、与党の公約、関連した大臣や党三役の発言、国会質疑、族議員の意向などを参照しながら法令の立案の考察に入る。また同時に、同じ省内の関係課の意向、野党の有力議員、関係の利益団体などの意向なども確認され、修正・調整しながら草案の原形が練られてゆく。その後、総務課長、審議官、局長、関係課長、官房長、事務次官の意向が確認されたうえで、課内で「第一次試案」が起案され、関係する課のメンバーによる「第一次試案検討会議」が開かれる。そして各課への持ち帰りおよび検討、質問・意見などの主管課への提出を経て「第二次試案」の策定が進められ、やがて「第二次試案検討会議」が開かれる。ここで全部の関係課の合意が成立すれば、「第二次試案」は形式的な決裁文書の形をとり（合意しないと廃案）、局長などの幹部を加えたその後の協議において省としての「試案」が確定する。

　なお、こうした省内での協議が進むのに並行して、関係省庁との意見調整が図られる（「各省折衝」）。相談を受けた関係省庁は、自らの省益・守備範囲を死守しながら草案を検討し、種々の議論を経て草案の合意に至る。また、この後に控える政党（与党）の政務調査（後述）に備えて、政治家（特に族議員）への根回しも行われる。また、全会一致制が慣習となっている関係閣僚会議や閣議で反対に合わないために、他省庁や、野党の有力議員にも根回しが行われる。そして関係省庁の担当官僚、関係する国会の委員会委員長、大臣、政党（与党）の政務調査担当者、族議員などが出席する「省庁草案確定会議」（インフォーマル）において、事実上試案は「省庁草案」として確定する（なお、この段階に至るまでに、法案は一般的には諮問機関としての「審議会」に諮られる）。

9）政党（与党）

　政党、とりわけ与党は「省庁草案」にそれなりの影響力を行使する。か

つての自民党政権時代には、与党が「省庁草案」に対する審査を「政務調査会」や「総務会」などが中心となって行っていた。特に、「政務調査会」の「関係部会」(「政調部会」)は族議員が中心となって、省庁の担当者である局長、審議官、担当課長らが、政調部会担当職員に法案の概要を説明する重要な場であった。また、「総務会」も、省庁草案を「与党原案」として確定し、かつ自民党所属の議員に「党議拘束」をかける会議として重要なものであった。また、両会議とも全会一致が原則であったため、官僚たちは審査に入る前に族議員や部会関係者らにそれぞれ政策原案の内容を説明し、事前に了承をとりつけるのが通例であった（その結果、部会では形式的な審議が行われ、原案通り承認されることが多かった）。民主党への政権交代がなされた後、こうした与党の事前審査は政策決定を党と内閣（政府）とに二分するものであるとの見地から一時的に廃止されたが、民主党内部から政策調査の機関の復活を求める意見が出されたため、現在では政党（与党）の政務調査が復活し、再びアクターとして政策決定に影響力を持つに至っている。

なお、連立与党の場合、内閣側として首相をはじめとする主要閣僚が、また与党側として三役クラスの与党責任者会議のメンバーが出席する「政府与党首脳会議」も開催される。

10) 内閣

内閣では、「内閣法制局」、「閣僚委員会」、そして「閣議」が政策に影響を及ぼす。

内閣法制局は、法令審査を行う内閣の補助部局として、各省庁の政策内容のチェックにまで立ち入ることなく、憲法や既存の法令との整合性を審査し、かつその解釈を明確にするために表現や用字用語などを職権で修正することが認められている。立案省庁による閣議請議（法案を閣議にかける手続きにのせること）の後、法案は内閣官房を経由して内閣法制局へ送付され、審査が開始される。ただ、実際には各省庁の立案作業中に、その担当者が内閣法制局の審査担当者に内々に法律的意見を打診してくることが多く、また各省折衝で内容が固まったものについては、予備審査という

方式で実質的な審査がすでに行われている。つまり、閣議請議された法案は、すでに予備審査でゴーサインが出されたものである。

内閣法制局での審査が終わると、法案は内閣官房に戻され、そこから従来は官僚による実務的審査として閣議案件の審査および最終調整を行う「事務次官会議」へと上げられていた。しかし、民主党への政権交代後、「政治主導」の観点から事務次官会議は廃止され、代わって府省をまたぐ案件に関しては「閣僚委員会」が設置されている。そしてフィナーレとして、この後の「閣議」において案件は通過し、「政府案」が確定することになる。

11) 国会

閣議決定後、内閣は国会に法案(「政府案」)を「議案」として(多くは衆議院に)提出する(内閣提出法案)。議案は、その提出を受けた各院の議長によって所管の委員会に付託されるが、その際、特に重要と判断される「議案」については、「議院運営委員会」(常任委員会)の議を経て本会議で「趣旨説明」(お経読み)および質疑が行われる。反対に、緊急を要する「議案」は委員会そのものが省略される場合もある。かつての「55年体制」では、野党による趣旨説明要求が頻発し、与野党対決法案の審議の遅延の試みがなされたが(つるし)、与野党は会期の最初から会期末をにらんで審議手続きを巡る攻防をし、会期末が近づくにつれて議事混乱がしばしば生じることになる。

ところで、国会は与野党の総合調整の場であることから、そこでは法案の中に野党の意向をどこまで盛り込むか、修正するか、もしくは廃案にするかが決められる。そして国会では委員会が本格的な審議の場であり(委員会中心主義)、また30〜50名からなる委員会では与野党の妥協・取引は難しいために、実際には委員会の中に設置される「理事会」が与野党の妥協・取引の場となっている。そしてこの委員会の理事会での採決は全会一致を原則としているため、理事会のメンバー(その割合は委員会の割合と同じ)の多数派(与党)理事は、少数派(野党)理事の意向を汲み、法案を修正せざるを得なくなる。このように、国会内部に今なお存続する全

会一致の原則によって、与野党の妥協は促されている（これをヴィスコシティ＝粘着力という）。なお、委員会審議を経た法案は国会の本会議に上程されるが、委員会での採決の結果は本会議の意思を拘束しない。それゆえ、与党が安定多数を制していれば委員会の採決は本会議の議決結果と同じになるが、与野党伯仲ならば委員会否決の法案が本会議で可決される場合もあり得る（逆転可決）。

3. 政策実施過程

1）政策実施と後援会・利益団体

　国会で生まれた法律は抽象的な大枠としての基準となる傾向があり、そのため官僚による自由な判断の余地や自由な選択の余地がここから生じることになる。このように官僚が法律を解釈し、個別的・具体的政策を策定・遂行し、細部にわたる行為基準を設定することを、裁量行政という。たとえば、行政立法（委任立法）としての政令（内閣決定）および省令（省庁決定）、通達、行政指導、個所づけはすべて官僚による裁量行政である。特に、通達（事務次官通達、局長通達、課長通達など）は1法律につき約100通が出されるといわれ、直接の拘束力はないものの関係省庁の公式上の立場を表すものとされる。また、法令に根拠を持たず口頭でなされる行政指導＝助言・勧告も命令に等しい拘束力を持つ。

　ところで、こうした官僚による政策実施の段階において、前出の後援会・利益団体・政治家が国庫支出金、すなわち補助金の個所づけを巡って再び動き出す。補助金とは、地方自治体の財政力の格差緩和のために出されるもので、道路や河川の整備といった特定の事業に使途が限定される。しかし、国会では補助金の大まかな事業別内訳が金額として決定されるにすぎず、その予算書に全事業の実施点とその費用が記載されることはない。したがって、「どこの市町村のどういった事業にどの程度の補助金を配分するか」という個所づけの仕事は担当の官僚の裁量に委ねられる。そこで、地方の県議や市長、市議などの後援会幹部は、官僚の裁量によって決まる補助金の獲得のために政治家に仲介してもらって「霞ヶ関詣で」

（陳情）を繰り返す。もちろん、政治家も補助金には強い関心を示す。補助金の獲得や特定の事業の自らの選挙区への優先的誘致は、成果として選挙の際に実績として見なされやすいからである。前述のように、政治家が族議員を目指す理由がここにある。

さらに、利益団体も、許認可やその他の法規制、行政指導、補助金などにより影響を受けるため、官僚の裁量行為に対して影響を及ぼそうとする。具体的には、利益団体は官僚の政策決定や予算活動に対する協力や支持活動を通じて、また官僚との意見交換や諮問機関への委員派遣、官僚の退職後のポスト（天下り）の世話などを通じて影響を及ぼそうとする。その際、利益団体が活用するのが再び族議員である。無論、その見返りとして、利益団体はその議員への政治献金や違法性を帯びにくいパーティー券の購入などを行う。

こうして、政策形成過程の後の政策実施過程において再び官僚が登場し、政治行政の全過程に大きく君臨し、そしてその周辺に政治家、後援会、利益団体が群がることになる。

2）天下り・談合──「その後」の過程──

ところで、上述の「天下り」とは、「キャリア官僚」とよばれる国家公務員採用Ⅰ種試験合格者の、本省採用の2万人程の一般職公務員の退職後の「再就職」のことを一般にいう。一般職公務員の定年は60歳、事務次官は62歳であるが、彼らキャリア官僚が定年まで勤め上げることはなく、課長職までほぼ同期横並びで順調に出世した後、上位ポストの減少に伴い（ゴールは事務次官）、出世レースに敗れたキャリア官僚は50歳前後から定年を待たずに退職する（事務次官も同様）。そして引退後、彼らは自身の出身官庁が所管する特殊法人、公益法人、独立行政法人や民間＝利益団体（業界）に再就職＝天下りをする。

しかし、天下りはいわゆる「談合」と非常に密接な関係を持っている。談合とは、業者同士が団体として示し合わせて、高い落札率（予定価格に対する落札額の割合）で特定の業者が落札するように、他の業者に一定の価格以下で応札しないように協定することをいう。この場合、予定価格な

どの通常は非公表の機密情報を得るために、業者および利益団体は天下った官僚 OB を利用する。無論、発注者側（現役官僚）による予定価格などの具体的な数値の漏洩は犯罪行為だが、現役官僚と官僚 OB との微妙なやり取りを通じて機密情報が業者に知らされる。予想価格の予想が立てられれば、利益団体（業者）は自己の儲けを増やすべく高い落札率での落札を目指して談合を行うが（落札率 95％超の場合、談合の可能性が濃厚）、その反面、落札率が高ければ高いほど税金の支出は増える。実際、一般に談合がなければ一般に落札価格は 2 割程度下落するといわれている。

　そして利益団体（業者）はこうした談合を常に行う体制をこれまで整えてきていた。たとえば、ゼネコン関係では、利益団体が旧建設省や旧運輸省、道路公団、住宅都市整備公団などから OB を採るのは、「慈善」ではなく彼らを談合に関与させることで確実に利益を得るためだといわれている（鬼島紘一『「談合業務課」現場から見た官民癒着』光文社）。事実、現在（2010 年 1 月段階）でも「スーパーゼネコン」が君臨する利益団体「日本建設業協会団体連合会」や「日本土木工業協会」の専務・常務理事に、多くの国交省キャリア官僚 OB が就いている。また、以前（2006 年）には防衛施設庁発注の空調設備工事を巡って談合を主導したとして同庁現職官僚 2 名と「防衛施設技術協会」に天下った同庁官僚 OB が逮捕されるという「防衛施設庁官製談合事件」が発生した。かくして、官僚、利益団体、天下り、そして談合という 4 つの点は 1 本の線へとつながる。絶大な権力を誇るキャリア官僚の存在や、談合と天下り、キャリア官僚とそれを受け入れる利益団体＝業界、またこれらと自省の勢力拡大・省益追求を目指す官僚組織とのいびつな関係が、以上から浮かび上がってくる。政治を、本章の最初で述べたような芝居に見立てると、脚本を書くのも、舞台設計をするのも、観客を動員し、演出・監督をやるのも官僚であり、彼らは劇構成の重要な仕事の大半を手中に収めている。確かに「主役」だけは政治家が演ずるが、実質的な演出者・製作者を同時に兼ねているのが官僚であり、官僚には総体としての権力的比重の断然たる大きさがあるといえよう。

（芝田秀幹）

参考文献

磯村栄一・星野光男編『地方自治読本　第6版』東洋経済新報社、1990年
伊藤光利・田中愛治・馬渕勝『政治過程論』有斐閣、2000年
岡田浩・松田憲忠『現代日本の政治――政治過程の理論と実際』ミネルヴァ書房、2009年
中野実『現代日本の政策過程』東京大学出版会、1992年
中村昭雄『日本政治の政策過程』芦書房、1996年
西川伸一『立法の中枢　知られざる官庁・内閣法制局』五月書房、2000年
早川純貴・田丸大・大山礼子・内海麻利『政策過程論』学陽書房、2004年
藤原弘達『官僚の構造』講談社現代新書、1974年
本田雅俊『現代日本の政治と行政』北樹出版、2001年
村松岐夫・伊藤光利・辻中豊『日本の政治〔第2版〕』有斐閣、2001年
龍円恵喜二『日本政治過程論――役割・役者関連モデル』北樹出版、1999年

7章　有権者

本章のねらい
・わが国の選挙権年齢は諸外国と比較して高いが、今後どうすべきか、その議論の必要性について学ぶ
・有権者の社会的属性はその投票行動にどのような影響を与えているかを学ぶ
・テレポリテックスといわれる今日、テレビの有権者の投票行動への影響について学ぶ
・選挙を左右する無党派層の誕生の背景と選挙への影響について学ぶ

1．有権者の年齢

1）選挙権年齢の世界的傾向

　選挙権年齢の世界の趨勢は18歳であるといってよい。国立国会図書館および立法考査局が調査した189カ国・地域のうち、18歳までに（16、17歳を含む）選挙権を付与しているのは170カ国・地域となっており、割合にしておよそ90％に上る。Ｇ８各国ではわが国以外のすべての国が18歳、OECD加盟30カ国ではわが国と韓国（19歳）を除くとすべての国が18歳までに選挙権を与えている。近年の注目すべき動きとしては、2007年にオーストラリアが国政レベルの選挙権年齢を18歳から16歳に引き下げており、ドイツのように一部の州が地方選挙の選挙権年齢を先行的に16歳としている例もある。イギリスやドイツでは16歳への引き下げが議論されている。
　わが国の選挙権年齢は、第二次世界大戦後の改正当時は諸外国に比べ

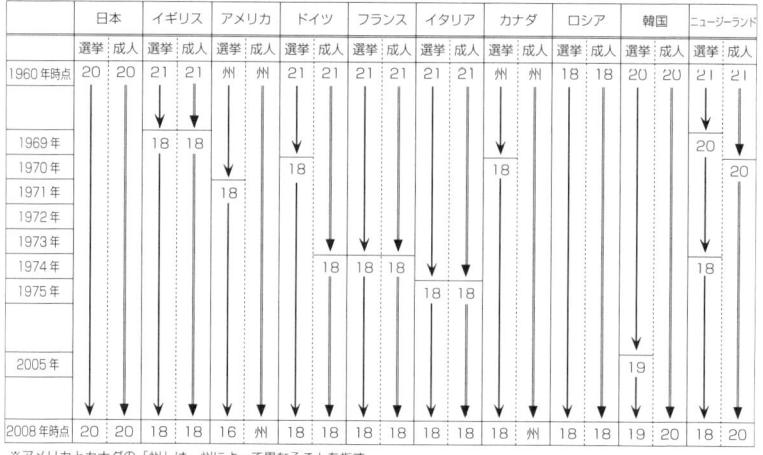

	日本		イギリス		アメリカ		ドイツ		フランス		イタリア		カナダ		ロシア		韓国		ニュージーランド	
	選挙	成人	選挙	成人	選挙	成人	選挙	成人	選挙	成人	選挙	成人	選挙	成人	選挙	成人	選挙	成人	選挙	成人
1960年時点	20	20	21	21	州	州	21	21	21	21	21	21	州	州	18	18	20	20	21	21
1969年			18	18															20	
1970年							18						18							20
1971年					18															
1972年																				
1973年																				
1974年								18	18	18									18	
1975年											18	18								
2005年																	19			
2008年時点	20	20	18	18	16	州	18	18	18	18	18	18	18	州	18	18	19	20	18	20

※アメリカとカナダの「州」は、州によって異なることを指す。
※年齢規定を改正する憲法または法律が成立した年を基準に作成しており、その改正が施工された年とは必ずしも一致しない。

図7-1　主要国の選挙権年齢・成人年齢の変遷
出典：国立国会図書館調査および立法考査局「主要国の各種法定年齢」

てむしろ低く設定されていたが、1970年前後に諸外国が引き下げたので、現在では諸外国より高くなっている。このような世界の潮流に刺激されて、わが国では、1990年代後半になって選挙権年齢引き下げの議論が再び活発化してきた。これは、少子高齢化社会への対応、若者の政治的社会化および世界的な潮流への同調などを目的としたものといわれている。

しかしわが国での選挙権年齢の引き下げは思いのほか難しい。2005年の衆議院選挙においては、民主党、公明党および社民党が選挙権年齢の18歳への引き下げをマニフェストに掲げた。また、「Rights」など選挙権年齢の引き下げを求める団体も存在するが、現在に至るまで引き下げは実現していないのが実情である。

2）人口割合と若者の発言力

選挙権年齢を現行のまま20歳に据え置くと、今日の少子高齢化社会の中では、結果的に、若者の声が政治に反映しにくくなるという問題が起こっているのは当然である。これは、民主的な政治・行政を行う上で解決

すべき課題であることはいうまでもない。

図7-2に見るように、0～30歳代の人口は全体の44.9％を占めているにもかかわらず、総投票者数に占める割合はわずか23.5％である。一方で60歳以上の高齢者の人口割合は28.1％であるのに対して、投票者数割合は40.4％にも上る。したがって、人口割合に比べて若者の発言力は非常に小さくなっている。これからのさらなる高齢化の進展によって、若者世代の発言力はますます小さくなっていくことになる。政治への発言の格差が、世代間格差を拡大させることが懸念されている。

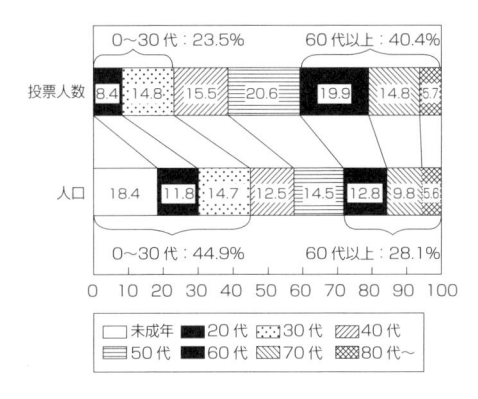

図7-2　年齢別投票者数
出典：総務省「目で見る投票率」「人口推計」

3）選挙権年齢をめぐる議論

選挙権を何歳から与えるかは、それぞれの国の伝統や社会慣習、政治構造などによって決まる。早ければ早いほどいいというわけではない。しかし、急速に進む少子高齢化社会を考えると、選挙権年齢の引き下げの議論も必要である。少子高齢化に伴うわが国の人口構成の偏りは、政治が高齢者の意思で動きがちになることを意味する。結果的に投票率も年齢が上がるほど高くなる傾向があるので、政党はますます高齢者向けの政策に力を入れざるを得なくなる。そうなれば、さまざまな分野で世代間の不平等が拡大し、若者が政治から遠ざかるという悪循環に陥りかねない。若い世代の声が政治によりいっそう反映される仕組みを整えなければならない。その一歩として、選挙権年齢を18歳に引き下げることを検討する必要がある。民間政治臨調は、次のように18歳選挙権を提言した。

7章　有権者　｜　101

「選挙権年齢を 18 歳まで引き下げることは、有権者の構成をより広げる意味で民主主義の原則にかなっているといえる。もちろん、これまでの選挙権拡大の歴史の中でも、新しく権利を得る有権者の政治意識の欠如を危惧し反対する向きもあった。しかし選挙権の拡大によって新しく政治に参加する機会を得た人たちの政治的関心はむしろ高くなり、民主主義の成熟に役立ってきた。しかも先進諸国では選挙権獲得の年齢を 18 歳にすることはほぼ常識となっており、日本でも選挙権の拡大を実現すべき時期をむかえていると考えている」(『日本変革のヴィジョン──民間政治改革大綱』)

2．有権者の社会的属性と支持政党・投票率

2001 年の参議院選挙、2003 年の衆議院選挙、2005 年の衆議院選挙、2007 年の参議院選挙を基に、社会的属性と支持政党について平野浩の先行研究に基づいて考えてみたい。

1）性別

表 7-1 に見るように、支持政党に関しては、民主党は一貫して男性の支持率が高い。共産党も幾分男性の支持者が多い。公明党は民主党とは逆に女性の支持者が多いことは明らかである。支持なし層は、一貫して女性のほうが多い。社民党は 04 年の選挙までは、やや男性の支持者が多い。05 年は幾分女性の支持者が多くなっているが、この傾向が続くかどうかは即断できない。自民党に関し

表 7-1 性別と支持政党

01 年	自民	民主	公明	社民	共産	他	なし
男性(958)	46.2	13.5	3.8	4.8	3.5	2.9	25.2
女性(1021)	41.4	6.4	5.9	4.0	3.4	1.3	37.6
03 年	自民	民主	公明	社民	共産	他	なし
男性(1076)	45.4	18.7	4.4	3.3	3.1	0.3	24.9
女性(990)	46.0	9.1	6.7	2.7	2.8	0.1	32.6
04 年	自民	民主	公明	社民	共産	他	なし
男性(1019)	41.1	23.5	3.2	2.1	3.3	0.0	26.8
女性(1035)	43.0	12.8	7.1	1.6	2.3	0.0	33.2
05 年	自民	民主	公明	社民	共産	他	なし
男性(692)	49.3	24.7	3.5	1.7	3.8	0.1	16.9
女性(718)	45.0	17.5	7.8	2.2	2.6	0.6	24.2

数字は%、() 内は N
「その他」については、01 年は自由党、保守党、03 年は保守新党、05 年は国民新党、新党日本をそれぞれ含む。
出典：平野浩『変容する日本の社会と投票行動』木鐸社

ては明確な支持傾向を指摘することはできない。

2）年齢

表7-2に見るように、自民党の支持率は、年齢が上がるにつれて高くなり、他の政党への支持率は70代になると下がる傾向があるが、自民党への支持率はさらに高くなっている。民主党に関しては、01年と03年までは、20代、30代、70代の支持者が少ない

表7-2　年齢と支持政党

01年	自民	民主	公明	社民	共産	他	なし
20代(206)	22.8	9.2	4.9	1.0	3.4	1.5	57.3
30代(267)	33.3	7.9	6.0	2.2	1.9	1.9	46.8
40代(334)	39.5	10.2	3.9	5.4	3.3	3.3	34.4
50代(431)	43.4	10.2	4.6	4.4	4.6	2.3	30.4
60代(433)	52.0	12.5	5.5	4.6	3.9	1.8	19.6
70代以上(308)	60.4	7.5	4.2	7.1	2.9	1.3	16.6
03年	自民	民主	公明	社民	共産	他	なし
20代(132)	23.5	9.8	10.6	0.8	2.3	0.0	56.0
30代(220)	36.4	8.2	6.4	0.9	1.8	0.0	46.4
40代(296)	32.4	14.2	8.1	3.4	3.7	0.3	37.8
50代(459)	44.4	17.4	4.1	2.6	4.1	0.4	26.8
60代(539)	53.1	17.1	4.5	3.5	2.6	0.0	19.3
70代以上(420)	58.6	11.0	4.3	4.5	2.4	0.2	19.0
04年	自民	民主	公明	社民	共産	他	なし
20代(201)	22.4	14.9	7.0	0.5	0.5	0.0	54.7
30代(390)	32.8	16.7	5.9	2.1	1.3	0.0	41.3
40代(278)	30.6	20.5	9.0	1.1	4.0	0.0	34.9
50代(388)	44.3	18.6	4.4	2.3	2.6	0.0	27.8
60代(429)	53.1	19.8	4.0	1.6	4.4	0.0	17.0
70代以上(368)	56.0	16.8	2.7	2.7	3.3	0.0	18.5
05年	自民	民主	公明	社民	共産	他	なし
20代(75)	21.3	21.3	6.7	1.3	1.3	0.0	48.0
30代(218)	33.9	22.5	8.7	0.9	3.2	0.9	29.8
40代(224)	34.8	22.8	8.0	0.9	3.6	0.0	29.9
50代(261)	49.4	20.7	5.0	3.8	2.3	0.4	18.4
60代(308)	56.2	20.1	4.2	1.6	4.5	0.3	13.0
70代以上(324)	59.9	20.1	3.7	2.5	2.8	0.3	10.8

出典：平野浩『変容する日本の社会と投票行動』木鐸社

が、04、05年の選挙からは、どの年代からも満遍なく支持率が高まっており、政権へ近づいていることがうかがえる。支持なし層の投票率は年齢が上がるにつれて下がっていることが明確である。公明党は、03年以降20代、30代、40代で支持率が相対的に高くなっている。一方で、60代、70代の支持率が低くなっている。

3）学歴

表7-3に見るように、自民党と公明党は学歴が上がるほど支持率が下がる傾向がある。このことは高学歴の有権者ほど政権党の政治手法、政策などへの不満が多いとの指摘もある。逆に民主党は学歴が上がるほど支持率が高くなる傾向がある。社民党、共産党に関しては学歴との関連で明

表7-3 学歴と支持政党

01年	自民	民主	公明	社民	共産	他	なし
中学卒 (460)	54.1	4.8	7.4	5.4	3.7	1.1	23.5
高校卒 (896)	44.4	9.8	5.4	3.8	3.6	1.6	31.5
短大卒 (289)	37.4	8.3	3.8	2.8	3.1	3.8	40.8
大学卒 (315)	32.7	19.4	1.0	6.3	3.2	3.2	34.3
03年	自民	民主	公明	社民	共産	他	なし
中学卒 (463)	56.2	9.5	7.8	3.5	2.8	0.0	20.3
高校卒 (949)	46.4	15.1	5.2	2.5	3.1	0.4	27.4
短大卒 (281)	43.1	7.8	5.3	2.5	1.8	0.0	39.5
大学卒 (349)	32.1	23.2	3.4	4.6	4.0	0.0	32.7
04年	自民	民主	公明	社民	共産	他	なし
中学卒 (380)	51.3	15.8	7.2	2.4	3.4	0.0	20.0
高校卒 (956)	45.1	17.7	5.1	1.6	2.0	0.0	28.6
短大卒 (327)	37.6	15.9	5.5	1.5	3.4	0.0	36.1
大学卒 (361)	29.1	23.3	2.8	2.5	3.9	0.0	38.5
05年	自民	民主	公明	社民	共産	他	なし
中学卒 (271)	57.9	18.8	6.6	1.5	3.3	0.4	11.4
高校卒 (647)	49.9	18.1	6.2	2.5	2.5	0.5	20.4
短大卒 (228)	39.5	20.2	5.3	0.9	3.1	0.0	31.1
大学卒 (237)	35.4	32.9	3.4	2.5	4.2	0.4	21.1

出典：平野浩『変容する日本の社会と投票行動』木鐸社

表7-4 年収と支持政党

01年	自民	民主	公明	社民	共産	他	なし
～400 (436)	46.8	8.0	8.0	6.4	3.9	1.4	25.5
400～800 (551)	42.5	12.0	5.3	4.7	2.4	3.4	29.8
800～ (359)	49.9	13.4	1.7	4.2	4.2	2.2	24.5
03年	自民	民主	公明	社民	共産	他	なし
～400 (558)	45.7	14.5	6.8	5.0	3.0	0.2	24.7
400～800 (572)	48.6	14.7	7.3	2.4	3.7	0.3	22.9
800～ (356)	47.5	16.3	2.8	2.2	2.8	0.0	28.4
04年	自民	民主	公明	社民	共産	他	なし
～400 (544)	44.5	18.9	5.0	3.1	3.5	0.0	25.0
400～800 (557)	42.9	18.7	6.3	1.8	2.7	0.0	27.6
800～ (271)	47.2	23.2	3.7	0.7	0.7	0.0	24.4
05年	自民	民主	公明	社民	共産	他	なし
～400 (365)	49.0	21.2	6.8	3.0	2.7	0.3	17.0
400～800 (413)	45.5	22.8	6.1	1.9	3.4	0.2	20.1
800～ (205)	50.7	24.4	3.4	2.0	1.0	0.0	18.5

出典：平野浩『変容する日本の社会と投票行動』木鐸社

確な傾向を読み取ることはできない。しかし、社民党に関しては、選挙ごとに「中卒者」の支持率が低くなっていることが明らかである。支持なし層は、04年を除いてどの選挙でも短大卒の比率は高い。これはこの層に女性が多いこととも関連しているといわれている。

4）年収

表7-4に見るように、自民党の支持者は、03年を除けば、「中」ぐらいの所得（400～800万円）で下がるものの、所得が上がるにつれて支持率も高くなっていることがわかる。民主党は、年収が高いほど支持率も高くなる傾向が見られるが、その差は自民党ほど大きなものではない。公明党と共産党は、高額所得者になるにつれて支持率が下がっている。社民党もややこの傾向にある。支持なし層は03年を除くと「中」ぐらいの所得で高く、その点で自

民党支持率のパターンと対照的である。

5) 職業

表7-5にみるように、自民党支持率は一貫して農林水産業において最も高く、60%台から70%台を示している。これに続いて商工自営業と自由業が高い。民主党に関しては、04年を除いて管理職の支持率が最も高く、これに次いで専門職と事務職が高い。このことから、民主党の支持者はいわゆるホワイトカラー層であることが明らかである。社民党、共産党については、支持率での職業上の明確な傾向は見られない。支持なし層に関しては、事務職、労務職、専門職での比率が高く、逆に農林水産業、自由業での比率が低くなっている。

表7-5 職業と支持政党

01年	自民	民主	公明	社民	共産	他	なし
農林水産 (142)	63.0	3.5	2.1	2.1	2.1	0.7	26.1
商工自営 (325)	52.5	4.6	3.4	1.5	4.3	2.5	31.4
管理 (103)	44.7	17.5	1.0	0.0	3.9	1.0	32.0
専門 (79)	32.9	13.9	2.5	6.3	1.3	2.5	40.5
事務 (277)	36.8	13.0	2.5	6.5	4.3	4.0	32.9
労務 (558)	37.1	10.8	7.5	3.6	3.6	1.6	35.8
自由 (40)	55.0	7.5	0.0	5.0	2.5	5.0	25.0
無職 (383)	46.7	11.5	6.8	7.3	3.4	1.6	22.7
03年	自民	民主	公明	社民	共産	他	なし
農林水産 (119)	71.4	7.6	0.8	0.8	0.8	1.7	16.8
商工自営 (342)	51.5	8.5	6.7	0.9	2.0	0.3	30.1
管理 (92)	47.8	20.7	2.2	1.1	2.2	0.0	26.1
専門 (98)	40.8	12.2	7.1	3.1	3.1	0.0	33.7
事務 (259)	30.5	19.3	5.8	3.5	2.3	0.0	38.6
労務 (402)	42.0	14.4	6.2	2.5	3.7	0.0	31.1
自由 (46)	54.3	6.5	4.3	2.2	2.2	0.0	30.4
無職 (507)	46.5	17.6	4.9	5.5	3.4	0.0	22.1
04年	自民	民主	公明	社民	共産	他	なし
農林水産 (133)	71.4	5.3	1.5	0.8	2.3	0.0	18.8
商工自営 (321)	49.5	16.5	4.0	0.6	3.7	0.0	25.5
管理 (89)	38.2	16.9	3.4	3.4	1.1	0.0	37.1
専門 (101)	28.7	29.7	5.0	2.0	5.9	0.0	28.7
事務 (273)	35.5	22.2	3.7	2.9	1.8	0.0	34.1
労務 (519)	34.7	15.2	8.9	1.5	2.5	0.0	37.2
自由 (37)	54.1	10.8	13.5	0.0	0.0	0.0	21.6
無職 (410)	46.3	22.4	2.7	3.2	3.9	0.0	21.5
05年	自民	民主	公明	社民	共産	他	なし
農林水産 (102)	76.5	6.9	1.0	0.0	1.0	0.0	14.7
商工自営 (241)	53.1	18.3	6.6	0.0	3.7	0.0	18.3
管理 (73)	41.4	34.2	4.1	1.4	0.0	1.4	17.8
専門 (17)	41.2	23.5	0.0	5.9	0.0	0.0	29.4
事務 (236)	33.9	25.4	6.8	1.7	3.0	0.4	28.8
労務 (354)	42.7	18.6	8.5	2.3	3.7	0.6	23.7
自由 (16)	68.8	6.3	6.3	0.0	6.3	0.0	12.5
無職 (310)	49.0	24.2	3.2	4.2	3.5	0.3	15.5

出典:平野浩『変容する日本の社会と投票行動』木鐸社

3. 有権者とメディア

1) 政党のメディア戦略

今日、テレビは選挙戦の中で有権者の投票行動に大きな影響を与えてお

り、無視することはできない。政治問題をよく取り上げている話題性のある番組には、「報道2001」、「サンデープロジェクト」、「報道ステーション」、「スーパー・モーニング」、「ビートたけしのTVタックル」などがある。テレビの選挙報道番組、ワイドショーでの選挙特集など、いわゆるテレポリティクスといわれるほどメディアが有権者の投票行動に大きな影響を与えるようになっている。このことが特に話題となったのは、郵政選挙といわれた2005年9月の選挙であった。自民党の史上空前の圧勝の一要因は、これまでにないほどのメディアの対策であった。自民党の圧勝に終わった9月の総選挙の分析が進むにつれて、選挙における「メディア戦略」が果たした役割がクローズアップされてきた。

　自民党は、広告会社とともに「コミュニケーション戦略チーム」を立ち上げ、まるでCMドラマのように「改革」を「プロデュース」した。有権者へ売り込む「商品」は「郵政民営化」一本に絞られ、「改革を止めるな」などのキャッチコピーが決定され、メディアの注目を集めるように毎日のように1人ずつ「刺客」が演出された。刺客として送り込まれた候補者たちは、アドバイザーによる「危機管理」のチェックを受けていた。郵政選挙において小泉チルドレンとして多くの刺客が送り込まれたが、選挙は全くの素人であり、有権者の前での発言もメディアを知り尽くしている広報担当の政治家からすれば、不安材料が多かった。そこで、選挙区での記者会見での発言もワンフレーズの決まり文句に徹した。それさえも党の広報担当者が考えたものであった。例えば、片山さつきが、静岡7区に落下傘候補として送り込まれたとき、「骨を埋めます。戸籍も移しました」というセリフ、佐藤ゆかりが岐阜に乗り込んだときは「この岐阜に嫁ぐ気持ちでやってきました」。佐藤、片山は、マスコミ取材に対して、このフレーズをひたすら忠実に繰り返し、地元の有権者を引き付けることに成功した。このフレーズがメディア戦略として作られていたことを有権者が知る由もなく、有権者はメディア戦略に乗せられ、同時にテレビもコミュニケーション戦略の片棒を担がされることになった。マスコミは、とりわけ朝・昼のワイドショーが、刺客がどこまで切り込めるかという時代劇イメージで有権者の興味を煽り、執拗に報道した。ポピュリズム的な選挙の

ドラマ化に成功したのである。このような選挙報道に対して、岡田克也民主党代表（当時）は、選挙後のインタビューで「選挙期間中もテレビは自民党の『刺客』候補中心に放映し、民主党現［前］職は名前だけの紹介だったり、メディアにも自省してもらいたい。異常な選挙で、その影響が国民に及んだことも事実だと思う」（「毎日新聞」2005年10月25日）と語り、メディアの選挙報道のあり方を批判した。

2）テレビと有権者の投票行動

朝日新聞の世論調査によれば、自民党候補に投票したと答えた人は、メディアの選挙報道から「影響を受けた」と答えた比率が他党候補に投票した人より高く、一番参考にしたメディアとしてテレビを挙げる割合も高かった。与野党とも、世論を動かす「メディア選挙」の深化とともに、その怖さも感じ始めている。

朝日新聞の世論調査によれば、メディアの選挙報道から「影響を受けた」人は、「大いに」と「ある程度」を合わせると53％、影響を受けた人は、70歳以上（49％）を除く各年代で過半数を占めた。自民党候補に投票した人では、「影響を受けた」が63％と目立った。うち、一番参考にしたのは、自民党候補に投票した人では「テレビ」が56％と多く、「新聞」は39％、民主党候補に投票した人では「新聞」が48％、「テレビ」が44％と、対照的な結果となった（「朝日新聞」2005年10月25日）。

2005年の衆院選後に読売新聞社が全国のインターネットの利用者1000人に行った「衆院選ネットモニター」の調査結果によると、「平均1日あたりのテレビ視聴時間が長いほど、おおむね自民党や小泉首相を支えている割合が高かった」ことがわかった。衆院選では、自民党が郵政民営化関連法案に反対票を投じた候補者に対立候補を擁立したことがメディアで注目を集め、「劇場型選挙」とも呼ばれた。テレビの長時間視聴者の多くが実際に自民党を支持していたことが裏付けられた。

平均1日あたりのテレビ視聴時間別に見ると、30分未満の層では自民党に投票したのは40％だったが、3時間以上の層では57％であった。テレビを見れば見るほど、自民党に投票する率が高くなったといえる（「読

売新聞」2005年9月20日)。

　このような結果を考慮するならば、これからの選挙はメディアをしっかりと研究しなければ勝てない。選挙はまさしくメディア戦になったといっても過言ではあるまい。とりわけ政権を目指す民主、自民の両党は選挙ごとにメディア戦に積極的に乗り出してくることは間違いない。少々大げさにいえばメディアが選挙の勝敗に大きな影響力を持つ時代の到来である。一方、有権者は、政党のメディア戦略に踊らされないようにしっかり政党の政策を吟味・検討し投票すべきである。

4．有権者と政治意識

　一般的に、政治に対する信念、態度、判断、思考、感情などの心理的事象を、政治意識という。政治意識の形成には、パーソナリティー、性格などの個人的な要因、年齢、性格、性別、職業、社会的地位、帰属意識などの社会的要因、文化的要因、歴史的要因などさまざまな因子が相乗的に影響を与えると考えられている。有権者の政治意識を科学的・構造的に把握し、分析するための有効な手法は、世論調査の結果得られるデータである。そこで、各マスコミによってほぼ定期的に行われる内閣支持率や各党の支持率や、各種選挙での各政党の得票率、無党派層の動向などを通して有権者の政治意識を知ることができる。

1）有権者と政治的無関心

　一般的に、政治的無関心とは、現代社会において、政治に対するさまざまな要求が達成されず、政治的無力感と不信感に陥り、政治への関心を失ってしまった人々のことを指す。ここでは代表的で、今や古典的ともいえるH．D．ラスウェルとD．リースマンの分類を見てみたい。

①ラスウェルの分類
・脱政治的態度：かつて政治に関与していたものの、自己の要求を満たし、期待を充足することに失敗し、政治に幻滅し政治に関心を示さなく

なるような態度である。
・無政治的態度：学問、芸術など他の価値に関心を奪われており、政治への知識や関心が低下する場合に起こり、政治は自分とは関係ないものであると考える態度である。
・反政治的態度：自分の固着する価値が本質的に政治と衝突するという前提に立って、政治そのものを軽蔑し、否定するような態度である。

②リースマンの分類
・伝統的無関心：前近代社会においては、社会の成員の多くはもっぱら統治の対象としてのみ取り扱われ、政治的意思決定から排除されていた。このような生活に慣れて、政治は「お上」の仕事と考え、政治参加への意欲も関心もなく、政治的知識もないことからくる人々の政治的無関心である。
・現代的無関心：現代社会は伝統的無関心ばかりではなく、政治的無力感や不信感に起因する現代的無関心層の増大によって特色づけられる。現代の大衆社会の特徴とされるのは、政治に対しての冷淡な態度である。政治についての知識や情報を持っており、また政治に背を向けているわけではないが、政治に関連したことで主体的行動を起こす気持ちを失っている状態の無関心である。

2）有権者の無党派現象
①無党派層の台頭

　日本においては、政治離れや無党派層を増加させる独特の要因がある。その最大のものは、政党がいまだ大衆的な組織として成立していないということである。共産党を別とすれば、支持基盤である労働組合や宗教団体以外の独自の大衆組織を地域の隅々まで確立している政党はない。同時に、政党がその機能である「国民の声を政策に転換する」ことが十分でなく、有権者を引き付けることができないことなどが有権者を無党派にするのであろう。

　本来、無党派層は政治への関心度は高い層である。しかし、時代変化や

経済をはじめ各種の構造変化に対応できない既存政党や政治グループと、政治家の質の低下や金権政治への失望感、不信感を持った層であり、現状の政治や政党に対しては思想的に一種の政治ニヒリズムの側面を持っている有権者である。

バブル崩壊以後も有権者の意識変化がストレートに政治に反映されずに、90年代後半になって無党派層がさらに拡大した。

②無党派層の分類

ここでは、無党派層の分類について、その研究の先駆者である橋本晃和の見解に沿って考えてみたい。各種世論調査で各マスコミが有権者に決まって聞くことは、まず「支持政党はありますか」ということである。「あります」と答えた有権者を「支持政党あり」層と呼ぶ。次に「なし」と答えた人に、「では、あえていえば、次のどの政党を支持しますか」と問う。この"あえて"と聞かれて初めて政党名を挙げる有権者のタイプは「準・無党派」である。このタイプは、党派心が弱く、選挙の度に投票する政党を変える傾向が強い。さらに、「支持政党なし」と答えた中で、あえてと聞かれてもそれでも「なし」と答える、このような全く党派心を持たない「支持政党なし」層が「純・無党派層」である。「準・無党派」と「純・無党派」を合わせたのが「新・無党派」である。

この「純・無党派」層は、92年以降になって顕在化して、特に都市部では選挙結果に大きな影響を与えるようになっている。ここでいう「純・無党派」は政治的関心のある有権者を指している。政治的関心のほとんどない有権者やアンケートで「わからない」と記す有権者を「旧・無党派」と呼んで「新・無党派」と区別している。したがって、「旧・無党派」も「純・無党派」も党派心がないという点では共通しているが、政治的関心の有無では大きな違いがあるといえる。

「純・無党派」層は、1970年代に芽を出し、80年代にひそかに成長し、90年代に入って選挙にも影響を与えるようになり、気になる存在になってきた21世紀型の意識集団といわれた。特に、民意の変容が日本の有権者の中にじわりじわりと浸透していったとき、今までは、ある程度の党派

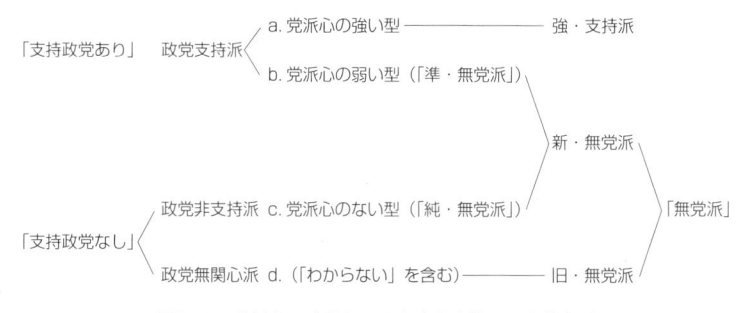

```
「支持政党あり」  政党支持派 ┬ a. 党派心の強い型 ──────── 強・支持派
                              └ b. 党派心の弱い型(「準・無党派」)
                                                                    ┐
                                                                    ├ 新・無党派 ┐
「支持政党なし」  政党非支持派  c. 党派心のない型(「純・無党派」) ┘            ├「無党派」
                 政党無関心派  d. (「わからない」を含む) ──────── 旧・無党派 ┘
```

図7-3　党派心の強弱から見た政党支持の三大基本形
出典：橋本晃和『無党派層の研究』中央公論新社

心を持っていた人や、あるいは何らかの政党に対する特定の愛着を持とうとしてきた有権者が、ついにいかなる政党をも継続して支持するという態度をなくしてしまい、結果的に無党派になってしまったといわれている。

　その要因としては、政治的には米ソの冷戦構造の崩壊があり、経済的にはこれまでの経済成長が止まったことがある。時期的には90年代の初め頃、実質的に「純・無党派」が確固として地位を得たと考えられている。

3）政界再編と有権者の無党派化

　わが国では、90年代に入ってからは、政界再編に向けての新党の結成や政党の路線転換が、有権者と政党との関係をさらに流動的なものにした。日本新党、新生党、さきがけなどの保守新党は、大都会を中心に、自民党に飽き足らなくなっている支持者やすでに「支持政党なし」層になっていた有権者を一時的に引き付けることに成功したといえる。しかし、これらの新党が新進党へ合流したり、自民党と連立政権を組む過程で、これらの新党の行動にうんざりし、多くの有権者が「支持政党なし」層に逆戻りしてしまった。また、連立政権参加に伴う社会党の基本路線の転換（日米安保容認、日の丸・君が代の国旗国歌容認、自衛隊の容認）、社会党の自民党との妥協は、それぞれの党の長年の支持者のかなりの部分を失望させる結果となり、他に支持する政党のない有権者の行き場をなくし、「支持政党なし」層にしてしまった。

特に、社会党はこれまでの多くの支持者を失ったことは、その後の選挙結果を見れば明らかである。自民党も新党に支持者を奪われた。このように55年体制崩壊以来、無党派層はこういう「新・無党派層」を加えてさらに膨れ上がり、現在では、有権者のおよそ4割にまでなっている。結果的に、93年の自民党政権の崩壊によって多くの有権者が、既成政党に愛想を尽かし無党派層の仲間入りをした。どの政党も時代変容に対応する有権者のニーズをうまくキャッチすることができなかった。政界再編後、無党派層は、そのときの政治状況を判断し投票を決めるため、無党派層の動向で選挙結果が大きく左右されるようになった。2003年の衆院選では民主党が大躍進し、2005年の選挙では政権奪取のチャンスとまでいわれていたが、無党派層は自民党に流れたために、民主党の大敗北、自民党の歴史的大勝利になった。2007年の参院選、2009年の衆院選では民主党が圧勝し、ついに政権交代となった。しかし、民主党の圧勝ムードも束の間、2010年の参院選では、民主党が議席を減らし、自民が議席を伸ばす結果になった。今や、無党派層は政党に対する生殺与奪の権を持っているといっても過言ではない。まさしく、無党派が政治潮流を大きく変えることになった。政党は有権者の声を政策の中にうまく反映できなければ、見捨てられることになり、緊張感を持って対応しなければならない。これは決して悪いことではなく意義深いことである。

(照屋寛之)

参考文献

国立国会図書館調査および立法考査局「主要国の各種法定年齢」、2008年
高橋亮平他編『18歳が政治を変える！』現代人文社、2008年
平野浩『変容する日本の社会と投票行動』木鐸社、2007年
松本正生『政治意識図説』中公新書、2001年
鈴木哲夫『政党が操る選挙報道』集英社新書、2007年
草野厚『テレビは政治を動かすか』NTT出版、2006年
橋本晃和『無党派層の研究』中央公論新社、2004年

8章　政党

本章のねらい
・現代政治において政党がいかに重要かを認識する
・政党が行っている活動の実態、政治過程において果たしている機能について理解する
・政党制に関し、二党制と多党制の特徴、長所と短所を比較し、わが国の政治にふさわしい政党制について考察する
・政党のかかえている問題点、将来の課題について検討する
・民主党の結党から政権獲得までの道程について学ぶ
・民主党にも自民党と同じような派閥ができるのかについて学ぶ
・民主党政権で真の政治主導が実現するのかについて学ぶ

1．現代政治における政党の意義

　政党が現代の政治において、政府や議会と並んで、中心的な役割を果たしていることは誰もが認めるところであろう。より強調していえば、かつてノイマンが「政党は現代政治の生命線である」と述べ、またブライスが「自由な大国であって、政党を持たない国はない。政党なしに代議政治が運用されるといったものはない」と断じたように、政党は現代政治の生死を分ける重要なかぎを握っており、とりわけ議会制民主主義を標榜する国々においては不可欠の存在となっている。これほど今日の政治に身近で重要な存在になっている政党も、これまでの生い立ちは苦難に満ちたものであった。いわゆる政党なるものが政治の世界に登場したのは17世紀後半以降とされるが（イギリスにおけるトーリー党とホイッグ党）、それ以

前から「徒党」ないしは「派閥」と呼ばれる党派は見られた。しかしこれらは意見や利害の対立に根ざすグループで、時に権謀術数や武力行使によってまで自らの利益の実現を図ろうとしたため、好感を持たれることはなかった。初期の政党はこうした徒党や派閥と同類と見られ、多くの人々は政党に対して警戒的ないし否定的であった。たとえばアメリカ建国の父の1人であるジェイムズ・マディソンは党派の弊害を次のように指摘し、これを強く批判した。「われわれの政府は安定性を欠き競い合う党派の対立によって公共の利益が軽視されており、政策は公正なルールや少数者の権利を尊重してではなく、特定の利害関心をもつ尊大な党派の優勢な力によって決められている、……この派閥は共通の利益や動機によって結合し、他の市民の権利や社会の恒常的かつ集合的な利益に反して活動するものである……」

このように政党が生まれて間もない頃は、政府は政党を「敵視」ないし「無視」・「軽視」したが、政党が政治の世界での活動を深め、徐々にその影響力が民衆の間に浸透していくにつれ、「融合」（政党を政府内に取り込む）を図らざるを得なくなっていった。政党の地位を決定的に高めたのは20世紀に入り多くの国で普通選挙制が実現し、それに伴い大衆民主主義の時代が到来したことであった。この制度の導入によって新たに生まれた大量の有権者の意思を政治に反映させる組織としての政党は、元来足場を民衆において発達してきたがゆえに存在意義を増し、ようやく一般に認知されることとなったのである。

2．政党の定義

徒党や派閥と区別して政党に一定の定義と意義を与えたのは、18世紀後半のイギリスの政治思想家エドマンド・バークであった。彼は政党を次のように規定した。「政党とは、その連帯した努力により彼ら全員の間で一致している或る特定の原理にもとづいて、国家利益の促進のために統合する人間集団のことである」（中野好之訳『現代不満の原因』みすず書房）。

バークが政党の要件を結成の動機と目的に求め、①「特定の原理（主義）」の下での結集、②「国家的利益」の促進、としていることは、本来私的に組織された政党に公共性を帯びた公党としての性格を与えたものとして特筆されねばならない。ただし何が国家利益かは極めてあいまいである。また政党が国家利益を主張しても、実際には一部の階級、組織、地域等の部分的利益である場合が少なくないし、初めから部分的利益の実現を掲げる団体を政党と呼ぶことから排除しているわけではない。したがってバークの定義は政党のあるべき姿、目指すべき目的、すなわち理想的側面からのものといえよう。

　政党をより深く理解するには、一方で現実的側面からの考察も必要である。現実政治を明確に特徴づけるのは権力闘争であるから、そこでの政党は、シャットシュナイダー流に平和的手段に限定するか否かは別にして、一にも二にも権力の獲得を目的として組織され活動する団体と規定される。そうしたなかでは従来の政党論を種々検討して、同様の観点から政党についてサルトーリが与えた以下の最小限の定義は簡潔ながら示唆に富むものである。「選挙に際して提出される公式のラベルによって身元が確認され、選挙（自由選挙であれ制限選挙であれ）を通じて候補者を公職に就けさせることができるすべての政治集団である」（岡沢憲芙・川野秀之訳『現代政党学I』早稲田大学出版部）。

　政治の実態は権力現象そのものであるから、これに関与する政党を「権力の獲得を目的とする集団」と規定して解明に当たることは重要である。とりわけ20世紀以降、権力闘争は選挙で雌雄を決することがルール化されてきているので、政党間の争いが熾烈になる。こうした争いが血みどろの闘争に陥ることを回避する上でバークの示した定義は、必ずしも実態に合わないが、現代においても生きている。なぜなら政党たらんとするものは、たとえ建前にせよ、「主義主張」と「国家的利益」を強く意識しなくてはならないからである。

3．政党の活動・機能

1）政党の活動

　現代の政治過程において政党は広範かつ重要な活動に従事しているが、そもそも政党の目的が政権を獲得して自らの主義・主張を実践することにあるから、その大半は「選挙に勝つ」ことに向けてのものである。「選挙に勝つ」とは、選挙でより多くの支持を獲得することを意味するから、政党は日常的に支持者の拡大に努める。そのためにまず必要なのはしっかりした党の基本理念とこれに基づく有権者にとって魅力的な政策作りである。政策作りに当たって、政党は現に大きな意見の対立がある政治問題（争点）や将来的に必要とされる課題に積極的に目を向けつつ、政治に対する国民の要求や意見などを広範に収集する（広聴活動）。そしてこれらを自党の綱領や基本理念、活動方針といったフィルターにかけ、整合性を検討し、採否を決定する。フィルターを通過した事項は幅広い有権者の支持が見込め、かつ自党に友好的な業界や労働組合などの利益集団との関係を損なわないように配慮しながら党の見解や政策としてまとめ上げられていく（政策立案活動）。

　見解や政策は多くの国民に知らせ、支持を得る必要がある。そのためには党の機関紙や雑誌・パンフレット・ビラなどを発行・印刷したり、幹部が新聞やテレビで見解を示したり、各地で集会を開いたり、街宣車で繰り出すなどの広報活動、情宣活動が不可欠である。選挙での勝利をより確実にするには、組織作りや政治資金の収集も重要な活動である。同時に当選者を増やすために、候補者として当選可能性の高い人物を発掘し、これに支援を与えることも怠ってはならない。

　こうした努力の結果、議院内閣制の下では議会で多数を占めた政党が内閣を組織し、与党として政権を担当する。与党は自らの政策を政府の政策として実行すべく、国会における法律や予算の成立に全力を傾注する。一方、野党となった政党は、自らの理念や政策に照らして政府の政策を批判することが主たる任務となる。そのため、時には議会において法案や予算案の成立を阻止したり、修正を迫るなどの行動をとることで政府の政治運

営に影響を与えようとすることもある。

2) 政党の機能

　以上の政党の活動実態を踏まえ、あらためて政治過程において政党が果たしている機能について考えてみよう。まず最も特徴的な機能は、利益集約（interest aggregation）機能である。この点に関しアーモンドらは、政党を「現代社会の専門的利益集約構造」ととらえたうえで、政党が遂行する利益集約の意味を「要求を政策の選択肢に結びつけ、これらの政策の選択肢の背後に資源を動員する過程から成っている」（アーモンド、パウェル、本田弘・浦野起央監訳『比較政治学　第2版』時潮社）と説明している。

　利益集約機能とは、社会内の諸要求にフィルターをかけ、必要なものを政策に転換することで政治の場で解決していこうとする機能である。政党の持つこうした機能については、多くの政治学者がさまざまな比喩を用いて論じている。たとえばアーネスト・バーカーは「政党は、一方の端を社会に、他方の端を国家にかけている橋」とも、「社会における思考や討論の流れを政治機構の水車にまで導入し、それを回転させる導管、水門」とも表現している。またキーは政党を「大衆の選好を公共政策に翻訳するための基本的な装置」、あるいは「政府と世論を結ぶ連結器」などとしている。

　第2は、統合機能である。政党は日常的に自らの見解や政策を作成して国民に提示し、多くの支持者を獲得しようとする。こうした活動は同時に、国民間の対立する利害・意見・世論をいくつかの政党に吸収することであるから、それによって分裂の回避、社会の統合といった機能が果たされる。

　第3は、政府形成機能である。政党は行政府の首長（内閣総理大臣あるいは大統領）の選挙に際し候補者を立て、当選すれば政党を基盤とする内閣（政府）が組織される。なお議院内閣制の下では、政党が仲立ちとなって行政府と立法府との有機的な連携を図っていくという媒介機能をも果たしている。

第4は、政治指導者の補充（recruitment）機能である。政党は政治を志す人材を集め、党活動を経験させながら一人前の政治家に育て、国会議員・大臣・総理大臣等の指導的な政治ポストに送り出している。こうした一連の働きを補充機能という。

　第5は、国民に対する政治教育および政治的社会化（political socialization）機能である。政党の広報・情宣活動は国民の支持を集めるために行われるが、こうした活動は同時に政治についての知識や情報、種々の政治問題に対する考え方を提供している。それは国民の政治意識を高め、政治への参加意欲を増し、成熟した有権者を作り出すための政治教育、政治的社会化（社会の成員が成長する過程でその社会において共有されている政治に付するものの見方や行動の仕方を学習していくプロセス）の働きをしているといえる。政党が政治的社会化を推進する担い手（agent）の1つとされるのは、この意味においてである。

4．政党制

　多くの国において政党が政治過程の主要なアクターになっている今日、政党を中心にして政治を説明することは効果的である。その際に用いられるのが政党制（その国の政治の運営にかかわる政党の数、構成および配置の仕組み）という考え方である。その国の政治の特徴をとらえる場合、政党の数が重要な意味を持つことは間違いない。政治学は伝統的に数を基準にして1つの場合を一党制、2つの場合を二党制、3つ以上の場合を多党制とする三分法で説明してきた。これに対しサルトーリは『現代政党学』の中で、何らかの政党配置を持つ国が増え、政党配置も多様化している今日においては「従来の三分法は不十分であるばかりでなく、現状では、事例を分類する能力を持っていない」として新たな分類法を提示した。彼は単に政党の数にとどまらず、各政党の相対的規模、政党間のイデオロギー距離、各政党の表明しているイデオロギーへの感情移入度（イデオロギー指向かプラグマティズム指向か）、運動の方向（求心的競合か遠心的競合か）、政党や下位グループの自律度、政権交代軸の数と位置といった多角

的な観点から検討を加えた。その結果、政党制を政党間の相互に対等な競争を認めない「非競合的システム」と対等な競争を認める「競合的システム」とに大別した。次いで政党の数を基礎にしながら、非競合的システムを①一党制、②ヘゲモニー政党制の２つに、競合的システムを③一党優位政党制、④二党制、⑤穏健な多党制（限定的多党制）、⑥極端な多党制（分極的多党制）、⑦原子化政党制の５つに細分化した。サルトーリの政党制の新しさは、自らも述べているように、従来一党制はまさに一党しか存在しないケースとして論じられてきたのに対し、ヘゲモニー政党制と一党優位政党制というカテゴリーを導入し、見かけは複数の政党が存在するが、これらを一党制の範疇に含めた点、またそれまでは３つ以上の政党があればひとまとめに扱われていた多党制を２つに分類して詳細に検討を加えた点にあった。世界の大勢が多党制であることを思えば、示唆に富む指摘であった。

以下において簡単に政党制の内容について見ておこう。

①一党制は、まさに１つの政党だけしか存在せず、また存在することを許されない政党制である。旧ソ連やフランコ政権下のスペイン、ナチス政権下のドイツなど、いわゆる独裁国家に典型的な政党制である。これら一党制はさらにイデオロギー、強制力、抽出力、動員力、下位集団の自律性などの違いを基に、全体主義一党制、権威主義一党制、プラグマティズム一党制に細分化される。

②ヘゲモニー政党制とは、外見上は複数の政党が存在するが、政党間の平等な競合・競争が許されず、特定の一党が圧倒的な地位を保持し、恒常的に政権を担当する。その他の政党はヘゲモニー政党のまわりを取り巻く衛星政党の地位にとどまっているという政党制である。これもイデオロギーの比重の大小等により、かつてのポーランドのようなイデオロギー指向ヘゲモニー政党制とメキシコのようなプラグマティズム指向ヘゲモニー政党制とに分けられる。

③一党優位政党制とは、政党間の対等な競争が許されているにもかかわらず、特定の一党が選挙で常に多数議席を獲得し、圧倒的優位を占める政党制で、当然政権交代は行われにくい。1955年から1993年まで続いた

「55年体制」下の日本の政党制はこの代表例であった。

④二党制について、サルトーリは二党制のルールに従って機能しているシステムであるとし、その条件として「(1) 2つの政党が絶対多数議席の獲得を目指して競合している。(2) 二党のうちどちらか一方が実際に議会内過半数勢力を獲得するのに成功する。(3) 過半数を得た政党は進んで単独政権を形成しようとする。(4) 政権交代が行われる確かな可能性がある」を挙げている。その上で二党制はよく知られているにもかかわらず、実際には上の条件に合致した政党制を備えている国は少ないとして、イギリス、アメリカ、ニュージーランドの3国を挙げるにとどめている点は注目しておく必要がある。

⑤穏健な多党制（限定的多党制）とは、政党数が3〜5で、政党間のイデオロギーにそれほど大きな差がない。さらに各党は同じ土俵で相撲をとろうとし、また自党の主張を押し通そうとするのではなく、妥協的態度をとろうとすることでより多くの有権者の支持を得ようとするから、各党間の競合は求心的な方向に向かう傾向の高い政党制である。そしてドイツ、オランダ、ベルギー、デンマーク、スウェーデン、ノルウェーなどを代表例とした。

⑥極端な多党制（分極的多党制）とは、6〜8の政党から成り、中に反体制政党やイデオロギーのはっきり対立する政党がいくつか存在する。そのため政党の布陣は1つまたはそれ以上の中間政党と相互に排他的な2つ以上の野党勢力といったかたちに分極化している。したがって政党間の競合は遠心的となるなどの特徴を持った政党制である。

⑦原子化政党制は、以上の①から⑥に該当しない政党制で、主に地形上の理由などから、他に抜きんでた実績を有する政党が1つも存在せず、地域や部族を代表する多くの政党が分立している状態にある場合に見られる。

なお、政党制との関連で、わが国の政治の特徴について若干言及しておくと、政党制の類型が1993年の総選挙を機に、サルトーリのいうところの「一党優位政党制」から「多党制」へ移行したことである。1955年以来選挙で各党が自由に競争しながら、常に自民党が多数を占め、政権を担

当する政治スタイル（サルトーリは一党優位政党制を一党制の範疇に入れていた）が定着していたから、それが途切れ、正真正銘の多党制の出現を見たことは画期的であった。さらに2009年の総選挙では民主党が政権党になり、わが国の多党制は新たな段階に入った。そこで本書では、今後の政治の成り行き考えるための手がかりとして、以下において、これまであまり取り上げられることのなかった民主党についての記述を加えておいたので、ぜひ参考にされたい。

5．民主党の誕生──政権獲得までの道程

わが国の政治は、政権交代なきデモクラシーとまでいわれていたが、ついに2009年の衆議院選挙で戦後初めて政権交代が実現した。野党が15年にわたり試行錯誤してきた「自民党に代わる政権政党づくり」の1つの到達点である。民主党政権のスタンス・立脚点を考える意味から、その誕生の経緯を素描する。

1）第一次結党

1996年、新党さきがけを離れた鳩山由紀夫と、薬害エイズ問題への取り組みで人気を集める同党の菅直人厚生大臣（当時）が「市民が主役」を唱え、さきがけ、社会民主党、新進党などの離党組の衆院52人、参院5人で民主党を立ち上げた。結党宣言では、①霞ヶ関の解体と再生、②市民政治の復興、③共生型福祉社会への転換、の3つのスローガンを掲げた。しかし、結党はしたものの、評判はいまひとつであった。結成1カ月で総選挙を迎えた。ところが、かつての日本新党結党時のような新党ブームが生まれなかった。選挙期間中もまったく新しい風も起こることはなかった。選挙後に党として存続できるかどうか、という厳しい予測さえあったほどである。ところが、総選挙では小選挙区17人、比例区35人の合計52人が当選した。自民党239人、新進党156人になり、予算関連法案の提出に必要な51人も何とかクリアできた。小沢一郎が主導して細川・羽田政権当時の与党議員200人超で94年末に結党した新進党と自民党の二

大政党が対峙している政治状況の中で、「第三極」を作り上げるという最初の目標は達成できた。

　この選挙をきっかけに、民主党は政権交代の担い手に踊り出ることになる。新進党は鳴り物入りで誕生し、政権党を目指しているかのように思えたが、政権奪取どころか議席を減らし、小沢党首が翌97年末の両院議員総会で「新進党は自社の馴れ合いの55年体制を打破した」と総括して解党したからである。党首だった小沢は自由党を旗揚げした。鹿野道彦ら保守系議員が集まって結成した国民の声は、一足先に新進党を離党していた羽田孜（元首相）の太陽党、細川のフロムファイブとともに、翌98年1月、民政党を結成した。

2）第二次結党

　民主党、民政党、旧民社党の新党友愛、民主改革連合の4党は新党結成に進む。同年4月、結党大会を開いた。衆参両院を合わせて131人で旗揚げした。第二次民主党の発足である。党名は、大同合併後も民主党の名がそのまま生き残った。党の代表には菅が選出され、幹事長には旧民政党党首の羽田が就任した。民主党は第二次結党からわずか3カ月足らずで参院選を迎えた。第一次結党から数えても2年足らずで日も浅く、党組織もまだ整ってなかった。

　準備不足のため、現有議席も困難ではないかと思われていた。ところが橋本内閣の不人気や97年秋以来の経済危機の影響で、自民党が大敗を喫した。民主党は大躍進を果たし、選挙区では改選議席8人の倍近くの15人の当選者を出した。比例区と合わせて27議席を獲得した。

　民主党は参院選後の98年8月、支持率調査で瞬間風速ながら自民党を追い抜いた。96年の第一次結党時は「第三極」を目指す小党だったが、わずか2年で「自民党の対抗勢力」「政権交代の受け皿の党」にまで成長した。

　その後も国政選挙のたびに勢力を伸ばす一方で、自自公連立政権を樹立、離党した小沢党首の自由党を03年9月に事実上吸収した。それ以降、「政権交代」を全面に出し、直後の衆院選で127から177議席まで議席を

表 8-1 民主党関連年表

年	政権	主な出来事
1996（平成8年）	橋本	9・11 鳩山由紀夫、菅直人らが新党の基本的理念を発表 9・28 民主党〈第1次〉結党大会（代表は菅と鳩山の2人制） 10・20 結党後、初の総選挙で52議席獲得
1997（平成9年）		9・18 新人事で菅代表、鳩山幹事長
1998（平成10年）	小渕	1・6 小沢一郎が自由党を結成して党首に就任 1・7 民主党など野党6党が衆議院で統一会派結成 3・12 民主党、民政党、新党友愛、民主改革連合が新党結成で合意 4・27 民主党〈第2次〉結党大会（代表に菅、幹事長に羽田孜） 8・4 政党支持率で民主党初めて自民党を抜く 11・9 小渕首相と自由党の小沢党首が連立政権樹立で合意
1999（平成11年）		1・14 自自連立政権成立 1・18 代表選で菅が松沢成文を破って再選 9・25 代表選で鳩山が菅と横路孝弘を破って代表に就任
2000（平成12年）	森	4・1 自自公3党党首会談で小渕首相が自由党との連立解消を明言 4・5 小渕内閣総辞職で森喜朗内閣発足（自由党が連立離脱） 9・9 代表任期満了で鳩山が無投票再選（幹事長に菅）
2002（平成14年）	小泉	9・23 代表選で鳩山が菅、横路、野田佳彦を破って3選 12・10 代表選で菅が岡田克也を破って代表に復帰
2003（平成15年）		7・23 菅と自由党党首の小沢が民主党と自由党の合併合意書に署名 9・24 民主党と自由党合併（党名は民主党、菅代表・岡田幹事長） 12・11 新人事で小沢が代表代行に就任
2004（平成16年）		5・10 国民年金未納付問題で菅が代表辞任 5・18 両院議員総会で岡田が代表に就任 8・30 岡田が無投票で代表に再選
2005（平成17年）		9・11 郵政解散により総選挙で大敗 9・12 総選挙敗北の責任を取って岡田が代表辞任 9・17 代表選で前原誠司が菅を破って代表に就任
2006（平成18年）		4・7 代表選で小沢が菅を破って代表に就任 9・25 小沢が無投票で代表に再選
2007（平成19年）	安倍 福田	7・29 参院選で大勝し、参議院の第1党に躍進 8・7 江田五月が民主党初の参議院議長に就任 11・2 福田・小沢党首会談で自民党と民主党の大連立構想浮上 　　　民主党の拒否で鈍挫 11・4 小沢が「政治的混乱のけじめ」を理由に辞意表明 11・6 鳩山幹事長らの慰留を受け、小沢が辞意撤回
2008（平成20年）		9・21 小沢が無投票で三選（菅代表代行、鳩山幹事長が留任）
2009（平成21年）	麻生 鳩山	3・3 政治資金規正法違反事件で小沢代表の秘書逮捕 5・11 小沢代表が辞任し、鳩山代表が就任 5・16 代表選で鳩山が岡田を破って代表に就任 8・30 衆院選で308議席を獲得し、歴史的圧勝 9・16 政権獲得（民主党・社民党・国民新党の連立政権誕生）
2010（平成22年）		5・28 社民党党首福島瑞穂大臣を罷免 6・1 社民党連立政権から離脱

出典：塩田潮『新版 民主党の研究』平凡社新書を参考に作成

伸ばす大躍進を遂げ、次の衆院選で政権交代も射程内に入っていたが、05年の小泉「郵政選挙」で113議席まで議席を減らす大敗となり、政権は大きく遠のいたかに見えた。ところが、2009年の衆院選で全国的に民主党ブームを巻き起こし、308議席という史上空前の大躍進を遂げ、念願の政権を獲得した（塩田潮『新版　民主党の研究』、朝日新聞政権取材センター篇『民主党政権100日の真相』）。

6．民主党の派閥

　現在の民主党議員の出身政党はバラバラで、結党時に集まったいくつかの思想信条の異なる政党別にグループ化している。民主党、さきがけ、日本社会党がそれぞれグループを作り、それぞれのグループが求心力を働かせてきている。このような状況を考えると、自民党の派閥どころか、党内を分裂させかねないほどの対立があっても不思議ではないが、そうはならなかった。良くいえば平和共存、悪くいえば、バラバラに民主党の名前で活動をしてきているといえる。

　巨大政権党になった今日、果たして自民党に類似した機能を持つ派閥が民主党に誕生するのであろうか。メディアは、民主党の特定の議員を中心とする集団をあえて派閥と呼ばず、グループと呼んできた。その中で党内最大勢力は、小沢一郎元代表を中心とするグループである。旧自由党メンバーが中核であるが、小沢が采配を振るった国政選挙で当選した新人議員の加入が相次ぎ、メンバーを増やしてきた。小沢の指示で一致団結する結束力には定評がある。2年ごとに行われる党の代表選で小沢の意向が「キングメーカー」として君臨する可能性がある。結束力の源泉は、選挙での面倒見の良さである。小沢グループに関していえば、かつての自民党の派閥の機能を想起させるものがある。民主党政権が長期化することになれば、かつての自民党の派閥のような権力抗争の主体になることも十分予想できるのではないだろうか。党内グループは図8-1の通りである。

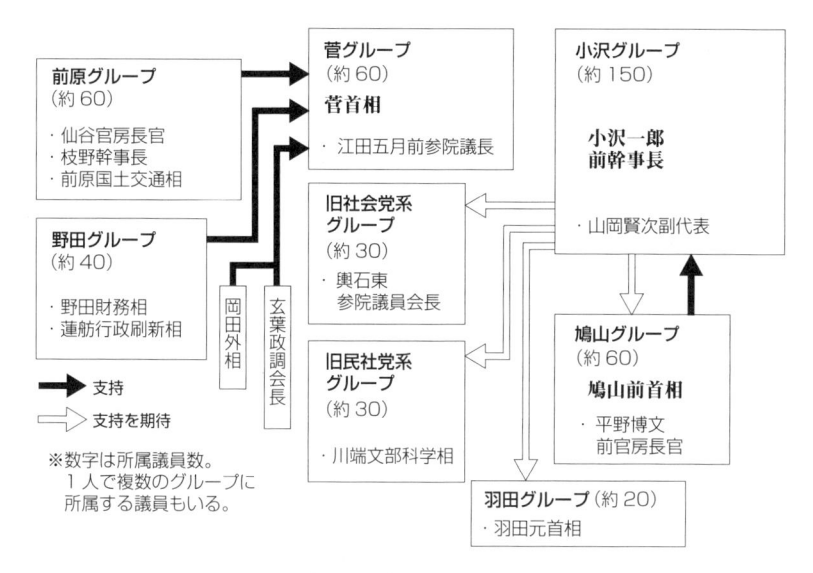

図8-1 民主党の党内グループ（代表戦の構図）
出典：「読売新聞」2010年8月27日

7．民主党政権下の政・官のあり方

1）官主導から政治主導へ

　民主主義国家において、主権を有する国民の代表者である政治家が政治・行政のリーダーシップを発揮することが期待されているが、わが国においては、これまで政治・行政の主導権は官僚にあるといわれてきた。ところが、社会環境の変容に伴い、国民の価値観も多様化している今日、国際的にも国内的にも時代の要請に十分応えるためには、政治家が主導権を持って政策を決定すべきである。政治主導体制の核心は、首相および内閣機能を強化することである。首相を中心に内閣主導で政策を決定するシステムが政治主導である。民主党は野党の頃から、わが国の官僚支配を問題にしてきた。選挙されない官僚が主導権を握っており、本当の意味で市民による政治が実現していない。官僚に代わって、民意を反映する政治家が中心にならなければならないと主張していた。

政治主導への関心は、官主導では主権者の意思が政治に十分に反映されていないのではないかという疑問に根ざしている。選挙の洗礼を受けていない官僚から、民意を反映した政治家へと政策決定の主導権を移すべきであるとの考えである。

　民主党は、2009年の衆院選のマニフェストで次のように政治主導について述べている。「与党議員が100人以上、大臣、副大臣、政務官等として政府の中に入り、中央省庁の政策立案・決定を実質的に担うことによって、官僚の独走を防ぎ、政治家が霞ヶ関を主導する体制を確立します」。

　政治主導の具体的な姿は、次の3点である。第1に立法府の行政府に対する優位であり、第2に、行政府における内閣の各省庁に対する優位および内閣総理大臣の各国務大臣に対する優位であり、第3に、各省庁における大臣等の政治職の官僚に対する優位である。

2）政治主導の実現

　特に、これまでの自民党長期政権下での政官関係は、その本来のあり方から大きく逸脱しているとの認識に基づいて、民主党政権では、イギリスの政官関係をモデルに従来のわが国の官僚依存の政官関係を見直し、政治主導を確立し、真の民主主義の実現を目指した。もとより、「政」、「官」ともに、よって立つ基本は、公益の実現に全力を挙げることである。このような基本的な考え方に立脚し、次のように、内閣が取り組むべき方針をとりまとめている。

①「政」は、行政が公正かつ中立的に行われるよう国民を代表する立法権者として監視責任を果たすとともに、議院内閣制の下で、国務大臣、副大臣、大臣政務官等として政府の中に入り、責任をもって行政の政策の立案・調整・決定を担うとともに、「官」を指揮監督する。「官」は、国民全体の奉仕者として政治的中立性を重んじながら、専門性を踏まえて、法令に基づき、主に政策の実施、個別の行政執行に当たる。

②政策の立案・調整・決定は、「政」が責任をもって行い、「官」は、職務遂行上把握した国民のニーズを踏まえ、「政」に対し、政策の基礎データや情報の提供、複数の選択肢の提示等、政策の立案・調整・決定を補

佐する。

③「政」と「官」は、役割分担の関係。それぞれの役割分担に基づき一体として国家国民のために職務を遂行する。

④「政」と「官」は、それぞれが担っている役割を尊重し、信頼を基本とする関係の構築に常に努める必要がある。

(秋山和宏、照屋寛之)

参考文献

エドマンド・バーク、中野好之訳『現代の不満と原因』みすず書房、1973年
G.サルトーリ、岡沢憲芙・川野秀之訳『現代政党学I』早稲田大学出版部、1992年
ガブリエル・アーモンド、ブリングハム・パーウェル、本田弘・浦野起央監訳『比較政治学　第2版』時潮社、1986年
塩田潮『新版　民主党の研究』平凡社新書、2009年
朝日新聞政権取材センター編『民主党政権100日の真相』朝日新聞出版、2010年
橘民義『民主党10年史』第一書林、2008年
出井康博『民主党代議士の作られ方』新潮新書、2010年

9章　圧力団体

> **本章のねらい**
> ・利益団体、圧力団体とはどんな団体かについて学ぶ
> ・現代の政治過程の中で圧力団体はどんな役割があるかについて学ぶ
> ・わが国の圧力団体には、どのような団体があり、どのような特質があるかについて学ぶ

1．圧力団体の概念

　通常、Interest Group を「利益集団」「利益団体」と訳し、Pressure Group を「圧力団体」と訳している。その違いを意識して使用することもあれば、同義的に使用することもある。その点では用語・概念の混乱も見られる。圧力団体という用語が定着していく中で、その不確定性について、改めて問題提起したのは、D. B. トルーマンであった。すなわち、トルーマンは、『政治過程論』の中で、①「圧力団体」という用語が、利己的で無責任な特殊的特権への固執を示す感情的意味を多分に含んでいる、②「圧力」という言葉は、利益団体がその目的を達成するために用いる1つの方法あるいは1つのカテゴリーに属する方法を示唆するにすぎないと論じ、「より包括的で、いっそう中立的な用語」として、「政治的利益集団」(Political Interest Group) を提示したのである。要するに、トルーマンによると、利益集団がその要求を政治的制度を通じて、あるいはそれに対して行うならば、そのときこの団体は、政治的利益集団になる。

　このように、利益団体が自らの利益を擁護したり推進したりするために議会や行政部などに圧力活動を展開する場合、普通、この種の利益団体を

圧力団体と呼ぶ。特に、わが国では「圧力」という言葉の響きが「不当性」を連想させることもあり、かつての日本医師会のように「圧力団体」と呼ばれることを嫌う団体もあった。しかし、現実の政治過程ではほとんどの利益団体がその特質上多かれ少なかれ政治にコミットするのは当然であり、多くの利益団体は利益の獲得を目指して圧力団体化するのである。このように圧力団体という呼び方は、利益団体の活動面・機能面に着目したものである。

多くの研究者によって圧力団体の定義は行われているが、よく使われている圧力団体の定義としては、V. O. キーの定義がある。キーは、圧力団体とは「公共政策に影響を及ぼすために形成された私的な任意団体であって、自己の集団利益を促進するために政府に対して影響力を行使するが、政党とは違って、直接、公職を選挙で争おうとしたり、政府運営の責任を引き受けようとはしない団体」であるという。キーは以上のように、政党との違いに着目しながら定義している。

圧力団体の特質は、政党との相違点を考えれば、わかりやすい。その違いの第1点は、政党は究極的に政権の獲得を目指すが、圧力団体は政権獲得を目指さない。したがって、政党が選挙に候補者を立てて争うのに対して、圧力団体は選挙を重視することはあっても直接介入することはあまりない。圧力団体は政策の決定過程や執行過程に影響を与えることで、間接的にその団体の特殊利益の実現を目指す。第2点は、政党は政権を目指すものである以上、その主義主張を綱領や運動方針として国民の前に提示し、その実現に責任を負う。しかし、圧力団体はこのような公的な責任・義務はなく、圧力活動の結果についても公的な責任が問われることはない。ところが、このことは、圧力団体の無責任性にもつながりかねない。第3点は、そもそも政党は「国民の声を政策に転換する翻訳機」（マッキーバー）であり、常に国民各層の諸々の利害を調整し、それを広く国民の要求に合わせた弾力的・包括的な政策に転換することが求められている。これに対して、圧力団体は特殊利益の追求を目的とするものであり、その求める政策は固定的・限定的である。したがって、圧力団体は団体の利益を達成するためには、いかなる政党や候補者とも連携することも

できる。これが圧力団体のいわゆる無党派性である。ところが、わが国では、戦後ほぼ一貫して自民党が政権の座にあったので、政党別に系列化されてきたことは否めない。

2. 圧力団体の機能

1）デモクラシーの安定化機能

　D. V. トルーマンは、重複的集団加入をもってアメリカ政治の１つの安定要因と考えた。すなわち、アメリカ人は一般に多くの団体に加入する傾向にあり、そのため、集団加入は重複的となり、いかなる集団も個人の忠誠を全面的に勝ち取ることはできない。そして、これゆえに個人的意見は緩和され、かつ集団のリーダーシップはその活動を抑制されることになりその結果、アメリカ政治の相対的安定性が保たれることになる。確かにこのような傾向は、「集団噴出」時代の今日、程度の差こそあれ、わが国をはじめ他の国々の圧力政治についてもほぼ等しく認められるであろう。

2）地域代表性の補完機能

　現行の選挙制度、特に小選区制は地域を基礎にしている。したがって、地域を超えて広がっている職業上の利益を政策に反映させることは容易ではない。しかし、現実には地域利益と同時に職業上の利益が重要であることは多言を要しない。それゆえに、企業や業界、医師会などの職能団体がそのグループの利益の獲得を目指して多くの職業上の団体を結成するに至ったのである。ここにおいて、圧力団体は事実上、今日の代議政治の伝統的な地理的代表を一種の職能代表を形成することによって補完する役割を担っているといえる。このことは、特にアメリカ、イギリスやわが国のように、小選挙区制を採用している場合にはなおさらその必要性が増す。

3）情報の提供機能

　今日、社会変化と技術の発達の速度が速く、政党・政治家が時代のニーズにマッチした政策立案をする上でも多くの専門的な知識と情報を必要と

していることはいうまでもない。しかし、議会で立法にかかわる政治家は多忙を極め、情報収集の時間も十分とはいえない。圧力団体は、政策に関連した調査ならびに批判的活動を通じて、立法あるいは行政活動に必要な貴重な資料、情報を収集し、議員に提供することは可能である。このような機能は、議会における公聴会あるいは諮問委員会などにおいて、とりわけ顕著に現れる。なるほど、圧力団体は、彼らの利益が影響を受けるがゆえに活動するのであるかもしれない。けれども、その活動は議員にとっては有益であるともいえる。特に、この機能は議員立法のアメリカにおいては重要である。

3. 圧力政治の問題点

　圧力団体に関しては、政治過程の中でこれまで見てきたように、圧力団体はデモクラシーの求めるものであり、重要な役割を担っていることも十分認められるのである。ところが、不信を持って見られているのも事実であり、以下に見るようなマイナス面もあることに留意すべきである。

1）組織化の困難さ

　圧力政治について考えるとき、有効な圧力団体を組織しにくい多数の人々が存在していることも見落としてはならない。現実問題として、利益が一般的でそれにかかわるメンバーの数が多ければ多いほど、社会集団の組織化は困難であり、これらの集団は、効果的な圧力団体を組織しやすい団体に比べて、どうしても政治的に無視されがちで不利な地位に置かれやすい。納税者も明白な共通の利益を持つ巨大集団であるけれども、真の意味で、彼らの代表者を議会に送ることはいまだできていない。消費者も社会のほかの集団に比べてその数は優ることはないにしても、少なくとも劣ることはない。しかし、彼らも組織を持つ、あるいは独占的生産者の力に対抗するために自らを組織することはない（マンサー・オルソン著、依田博・森脇俊雅訳『集合行為論』ミネルヴァ書房）。

2）圧力団体の上流階級的バイアス

　圧力組織が企業ないし上流階級的な偏向を持っていることは、あらゆるところで明らかになっている。実業家は、肉体労働者に比べると、自分の選挙区の下院議員に手紙を書く頻度は4～5倍に達する。すなわち、参加率は上流階層において最も高い。社会的・経済的地位の低い人々は、地位の高い人たちに比べると、特定の組織に所属する傾向は少ない。別の研究によると、4年以上の大学教育を受けた人は、それを受けなかった人に比べると、組織加入数の点では20倍である。

　以上のような指摘を考慮するならば、圧力組織が自動的にすべてのコミュニティを代表するものであるとする考え方は、現代集団理論を普遍化することで出来上がった1つの神話にすぎない。圧力政治は1つの選択過程であるが、それは多岐にわたる利益に奉仕するには適していない。圧力組織は少数派を支持しており、歪んだ、ある比重のかかった、そして均衡を失ったものであることに留意すべきである。

　このようなバイアスは、公共利益ロビーについてもいえる。つまり、公共利益ロビーの強い「白人中産階級志向性」である。ちなみに、コモン・コーズは、おおよそ25万人の会員を有すると見られているが、その中心部分は中産階級に属する大学卒以上の学歴を持つ白人であり、会員の平均所得もかなり高い。婦人有権者同盟の14万人の会員についても同様で、その内部調査によれば、同盟の内部調査によると、会員の68％は大学卒で、会員の夫の50％は専門職、他の27％はビジネスに従事していた。婦人有権者連盟は白人の中流階級の上位の人々の支持者が多い。

3）政治腐敗の温床

　政治構造の持つ病理現象としての側面も指摘されがちである。なぜなら、圧力団体の特殊利益の追求が、その特質上、国民的な利益を忘れ、利己的・排他的方法によって行われやすいからである。それは必然的に圧力団体と官庁や政党との間に予算の配分をめぐる利己的なギブ・アンド・テイクの関係に陥りやすくなり、いわゆる構造汚職を発生させる温床にもなりかねない。特に、政党との関係についていえば、圧力団体の持つ資金力

と集票力は、政党にとって魅力的であり、政党は巨大圧力団体に弱い体質を持っている。ただしこの場合でも、現代の政治構造の下では、政党と圧力団体との取引は、これを実務的立場に立って技術的に調整し、処理する高級官僚の媒介なしにはほとんど成立し得ない。そういう意味でも圧力団体・政党幹部・高級官僚の癒着は、あるべき政治循環を切断し、あるいは骨抜きにし、政治腐敗になることもしばしばである。

4．アメリカ圧力団体の活動の現状

1）アメリカ圧力団体とロビイスト

　アメリカの圧力団体といえば、すぐに想起されるのは、ロビイストであり、ロビイングである。ロビイストは「政治的決定に影響を及ぼすために活動する圧力団体の代理人」である。この用語が、議会のロビーで議員に面会して、特定の法案に対する議員の賛成あるいは反対を取りつけようとする人々を指す「ロビー代理人」から起こったところからもうかがえるように、ロビイストの活動としてのロビイングは、もともと議員との接触を通じての圧力行使を意味した。ロビイストの存在こそ、アメリカ圧力政治をシンボライズしているといえる。ロビイスト自体はアメリカ以外の国にも見られる政治の光景であるが、ロビイングそのものを専門とする職業的ロビイストが多数活躍しているのは、アメリカ圧力政治の特徴である。ロビイングという言葉とその活動は、アメリカ市民の間ですら、一般的に良いイメージを持たれていないのは事実のようである。しかしロビイングそのものは、憲法で保障された請願権を市民が行使する１つの形態である。したがって、決して非公式な、いわんや非合法的な政治活動ではない。実際、立法者に直接影響を与えることを目指したロビー活動は、政策決定過程の重要な要素の１つとなっている。連邦ロビイング規制法によると「アメリカ合衆国によるすべての法案の成立または不成立を目的とした活動、またアメリカ合衆国議会のすべての法案の成立または不成立に影響を直接または間接に及ぼすことを目的とすること」をロビイングと定義している。

ロビイストで圧倒的に多いのは弁護士である。圧力団体が弁護士をロビー活動に雇うのは、法律や法制のシステムについての専門的知識を必要とするからである。また、政府高官や議会スタッフ、議員には弁護士の資格を持つ者が多い。ワシントンにおいて最も目立ち、影響力の強いロビイストとしては、元政府高官や元議員といった人たちが挙げられる。また、議会スタッフを務めた人たちもロビイストになることがある。

2）立法部へのロビイング

　アメリカにおける政党の立法活動上の特徴は、第1に、議会の権力が強く、同時に、議会におけるほとんどの立法および決議が無政党的、あるいは両政党的方向において行われていること。第2に、議会における法案が、ときに民主・共和両党の1部ずつの反対にあって否決されることである。イギリスやわが国では、議員に対する党の統制が厳格であるため、すべての案件の賛否について党役員から厳重な指示が出される。アメリカでは党から議員に対して投票方針の指示が出ることはない。単に党としての方針を伝達し、投票を勧告し、説得するだけにすぎない。

　具体的なロビイングは次のような方法で行われている。①議員に加える最も古い型の直接的圧力は、社交ロビーである。②選挙区からの陳情団、電報、書面あるいは署名の集中攻撃である。③有力な議員の動きを左右するために、この団体の支持を最も考慮しなければならない立場にある議員の立候補の際に尽力した人を選定して委員会を結成し、議員と交渉を行う。④議員の調査票を作成し、支持すべき議員とそうでない議員を選挙民に公表する。

3）行政部へのロビイング

　積極政治の進展とともに、行政部へのロビイング活動が活発化してきた。政治の積極化が、立法部から行政部への決定形成権力の重心の移動を不可避とし、この成り行きが、従来の立法ロビイングに加えて、行政ロビイングの発展を促進したのである。圧力団体と行政部の関係は、圧力団体の利益にのみとどまらず、行政部にとっても行政に対する国民の要求・反

応を知る上で有益である。今日、次のような手法でもって圧力団体はその活動を展開している。

①行政機関の設立の要求

　行政機関の多くは、しばしば圧力団体の要求に基づいて、彼らの特殊利益を擁護し、促進するために設立された。たとえば、農務省の設立の推進力になったのは、政府からの特別な行政サービスを求める合衆国農業会であったし、労働省の設立は、組織労働者の長期にわたる継続的な圧力活動の成果であった。公共利益ロビーの場合もそうである。シエラ・クラブは、国立公園局と森林局設置に向けて圧力活動を展開した。

②行政部の人事への影響力

　圧力団体は、それぞれ直接の関係を有する行政長官あるいはその他の官吏の任命に大きな関心を持っている。たとえば、組織労働者は労働長官、実業団体は商務長官、農業団体は農務長官の任命に対し、常に彼らの圧力を感じせしめようと努めてきた。

③行政当局との公式・非公式の接触

　圧力団体は、行政過程に彼らの要求を反映させるために、彼らの行政ロビイストをして社交的会合、昼食会、ティー・パーティーなどを通して行政官吏に接近せしめ、また官吏を彼らの団体の大会に招待したり、あるいはその刊行物に寄稿を求めることもある。

　以上のように、アメリカの圧力団体の対立法部、行政部への圧力活動を概観したのであるが、表9-1に見るように、多くの団体が公聴会での証言、議員や官僚との接触、調査結果や専門的情報の提供、他団体との同盟などを行い、そのほか政策実施過程への圧力行使、メディアとの接触、手紙戦術、草の根ロビイングなどを行っている。

4) 公共利益ロビーとその活動

　アメリカの圧力団体の中で、1960年代、伝統的な圧力団体に対して活

表 9-1　圧力団体の影響力行使の方法

順位	影響力行使の方法	行使団体比率(%)	順位	影響力行使の方法	行使団体比率(%)
1	公聴会で証言する	99	15	規制の作成	78
2	議員に対する意思表明	98	16	専門委員会への参加	76
3	議員との非公式会見（昼食など）	95	17	法案の否定的影響の暴露	75
4	専門的研究の提示	92	18	訴追	72
5	団体メンバーへの情報提供	92	19	選挙運動への献金	58
6	他のロビー活動機関との提携	90	20	当局者への特別待遇	56
7	政策実現の追及	89	21	人選への影響力	53
8	マスメディアとの接触	86	22	過去の投票結果の公表	44
9	立法化のための政府との接触	85	23	資金集め	44
10	法案作成	85	24	広告	31
11	手紙運動	84	25	選挙運動への参加	24
12	新しい問題へ政府の関心を向けること	84	26	候補者への直接支持	22
13	地方の「草の根」運動の計画立案	80	27	デモンストレーション	20
14	選挙民の訪問	80			

出典：ブルーノ・ジュリアン、津守英夫他訳『アメリカの圧力団体』食料・農業政策研究センター国際部会

動が顕著になってきたのが、公共利益ロビーである。公共利益ロビーとは「一般的な利益あるいは国民全体の利益を代表することを求めているロビーであって、ある特定の経済的利益をもっぱら代表するということではない。また、宗教、種族的団体、民族、地域的利益、婦人の権利、職業団体、その他のような伝統的カテゴリーに属しないロビー」である。従来の主として私的経済利益志向的な圧力団体と異なって、「きれいな空気」「きれいな水」「きれいな政治」といった公共財の増進を目指す団体である。その典型的な例として、コモン・コーズ、ネーダー諸組織、アメリカ消費者連盟、消費者同盟などがある。これらの団体の多くは、首都ワシントンに事務所を置き、ロビイストを常駐させて、連邦議会や連邦政府に対するロビイングをはじめとするさまざまな圧力活動を行う。

5．わが国の圧力団体

　わが国の圧力団体は、戦後の復興と新しい集団の誕生（1945年－50年）、アメリカ占領下から独立後の再編期（1951年－57年）、高度経済成長に伴う工業型団体の噴出（1967年－74年）、ポスト工業化（国際化・情報化サービス化・高齢化）型団体の誕生・増大（1975年－　）といういくつかの時期を経て多様に圧力団体が誕生・形成されてきた。集団の多様性、組織的資源の点では他の先進諸国の圧力団体と同程度あるいはそれ以上の発展を見ており、わが国の政治も圧力団体が政策形成過程に大きな影響を与える「プレッシャー・ポリテックス」（圧力政治）であるといえる。現在、わが国の圧力団体は、表9-2に見るように、政策に自己団体の利益を反映させるために、多くの団体が存在し、その活動を展開している。

1）圧力団体の台頭の主要因

　ここでは、現在のように圧力団体がわが国の政治過程に台頭してきた要因について考えてみたい。第1に、新憲法によって集会・結社の自由が規定され、ならびに請願権が確立されたことである。旧憲法下においてもこれらの権利が全く否定されていたわけではないが、あくまでも「法律の範囲内」という大きな制約があったために、団体が政治的に発言することにはおのずから限界があった。新憲法によってこれらの制限が撤廃された。請願権（第16条）、集会・結社・表現の自由（第21条）、労働者の団結権（第28条）が保障されたことによって、労働組合の目覚しい発展、あるいは他の諸利益の組織化が急速に行われていった。このように、これらの権利の保障が、圧力団体の発生・台頭の主要な1つであったと考えられる。

　第2に、政治・行政の積極化と官僚統制の増大である。現在、国民生活は政治・行政を離れて考えることはできない。「ゆりかごから墓場まで」という言葉にシンボライズされるように、国民生活の隅々まで政治・行政の影響を受けている。このような政治・行政にあっては、官僚の活動領域と権限の大幅な拡大が社会の各分野に対する政府の統制を強めることにな

表9-2 日本の主な圧力団体

経済団体
日本経済団体連合（経団連と日経連の統合で2001年創設）、経済同友会、日本商工会議所、日本鉄鋼連盟、石油連盟、全国銀行協会連合会、日本中小企業政治連盟、日本中小企業団体連盟、関西経済連合会、日本証券業協会など
労働団体
全日本民間労働組合連合会（連合）、全日本自治団体労働組合（自治労）、政府関係特殊法人労働組合協議会（政労協）、日本教職員労働組合（日教組）、全国金属産業労働組合同盟（全金同盟）、合成化学産業労働組合連合（合化労連）、日本自動車産業労働組合連合会（自動車労連）、日本私鉄労働組合総連合（私鉄総連）、全日本郵政労働組合、全国金属労働組合、日本新聞労働組合連合など
農業団体
全国農業協同組合中央会、中央酪農会議、日本酪農政治連盟、中央畜産会、全国農業構造改善協会、全国土地改良事業団体連合会など
専門家団体
日本医師会、日本歯科医師会、日本弁護士連合会（日弁連）、日本建築士会連合会、日本不動産鑑定協会、日本獣医師会、日本薬剤師会、日本看護協会、全日本計理士会など
行政関係団体
全国知事会、全国市長会、全国町村会、全国都道府県議会議長会、全国市議会議長会、全国町村議会議長会、東京市制調査会、日本道路協会など
福祉団体
日本遺族会、軍恩連盟全国連合会、全国社会福祉業議会、国民健康保険中央会、健康保険組合連合会、全国社会保険協会連合会など
市民・政治団体
憲法擁護国民会議、原水爆禁止日本国民会議、主婦連合会、日本消費者連盟、日本婦人有権者同盟、日本生活協同組合連合会など

出典：松村岐夫・伊藤光俊・辻中豊『戦後日本の圧力団体』東洋経済新報社より作成

る。たとえば、官庁は補助金や融資の決定、さらに、各種の許認可権、公共事業の請負契約などによって社会の隅々にまで統制することになる。したがって、官僚統制の増大は、それによって重大な利害の得失を被る者同士を集団化せずにはおかず、それらの集団はまた自己団体に有利な決定や

処分を引き出すために積極的に圧力活動を展開することになる。

　第3は、政党組織の未確立である。わが国の政党組織の弱体性はその党員数の少なさに端的に現れている。ちなみに、自民党の党員数が約104万人（2008年）、民主党は約5.2万人（サポーター約29万人、2010年）、共産党は約40.6万人（2010年）、公明党は約40万人（2010年）、社民党は約1.6万人（協力党員4,450名、2009年）である。有権者が約1億人に達する中で、各党は党員数を増やすことができず、日常的な政治活動を組織の末端において有効に展開し、なおかつ大衆的基盤に立つ健全な党財政を確立することができない。各党のこのような弱体な組織を肩代わりする役割を果たしているのが、まさにわが国の圧力団体である。自民党と経済団体、農業団体、福祉団体など、社民党・民主党と労働組合との関係は周知の事実である。政党と圧力団体とのこのような友好的な協力関係は、圧力団体にとってもまたむしろ望ましいものであった。圧力団体は選挙の際、政党、候補者に対する支持と引き換えに、選挙後それらに対する影響力を保持し、議会や行政部への団体の声を反映するための回路を確保することができるからである。しかし、政権交代が起こったことで、経済団体などでも民主党寄りになる可能性もある。

　第4に、戦後のわが国における経済的利益の著しい分化が挙げられる。都市化、工業化の急速な進行が、経済的利益に際立った細分化を伴ってきた。かつては医師として一括的に取り扱われていたものが、各科専門医と歯科医、または開業医と病院勤務医などの区別が生じ、それらの相違点を基盤として諸団体が形成されてきたのと同様、今日ではおびただしい多数・多様な経済的利益が存在し、これらのあらゆる相違点が各利益の組織化の契機として利用されてきたのである。戦後のわが国において圧力団体を急速に発展せしめ、その勢力を強大ならしめたのは、戦後のわが国社会の根底に醸成されてきた激しい経済的利益の対立であった。

2）わが国圧力団体の活動上の特質

　わが国の圧力団体の活動について見るとき、いくつかの特徴を指摘することができる。第1に、わが国の圧力団体の活動において、行政ロビイ

ングが中心的地位を占めていることである。わが国の場合、政策形成に関して、行政部が実際の主導権を掌握している。すなわち、行政部は政策の執行機関であると同時に、政策形成をするスタッフとして強力な機能を有している。たとえば、予算案の場合でも、財務省案が出るとほぼそれで大勢が決まってしまう。したがって、圧力団体は財務省案が決定される前に、行政部に圧力をかけて盛り込んでもらわなければ、政策にならないという政策形成のメカニズムが出来上がっている。それゆえに、圧力団体のプレッシャーも必然的に行政部に向けられることになる。第2に、圧力団体は国レベル、地方レベルの各種選挙においてしばしば団体独自の候補者を立てることである。わが国では55年体制下で自民党がほぼ一貫して政権の座にあったので、政党と圧力団体の間にも系列化が生じた。思想的に自民党と相容れない団体は別として、多くの団体が自民党に系列化されていった。その代表的な団体が、経団連、日本医師会、日本遺族会などであった。ところが、2009年の衆議院選挙において政権交代が起こったので、早速、2010年の参議院選挙において日本医師会は自民党からの候補者擁立を断念した。社民党や民主党は労働組合幹部を立候補させる。第3に、圧力団体の党派性の強さである。わが国の圧力団体の場合、その大半は、伝統的に特定の政党とほとんど恒久的な協力関係にある。労働組合はもっぱら社民党、民主党、共産党と、経済団体は自民党と提携している。しかし、この関係も政権交代が起こったことで、変化が起こりそうである。経済団体も民主党へ接近せざるを得ないのではないか。そもそも圧力団体は主義主張よりもその団体の利益を追求することが第1の目標であり、そのためにはできるだけ政権党に接近することが得策であり、経済団体などが民主党寄りになるのも当然である。

(照屋寛之)

参考文献

内田 満『アメリカ圧力団体の研究』三一書房、1980 年
内田 満『現代アメリカ圧力団体』三嶺書房、1988 年
内田 満『政党・圧力団体・議会』早稲田大学出版部、2000 年
信田智人『アメリカ議会をロビーする』ジャパンタイムズ、1989 年
山田正喜子『ロビイング』日本経済新聞社、1982 年
E. E. シャットシュナイダー、内山秀夫訳『半主権人民』而立書房、1972 年
A. S. マックファーランド、秋山和宏・照屋寛之訳『公共利益ロビー』時潮社、1983 年

10章　政治家と官僚

本章のねらい
・政治家（国会議員）の役割を考える
・官僚の役割を考える
・政治家と官僚の関係の役割を考える

1．政治家の役割

　政治家（Statesman、Politician）という言葉を聞くと、3U（薄汚い、うさんくさい、（選挙の時に）うるさい）のイメージを持つ人も多いだろう。ところが政治家の仕事は、民主政治の維持・強化を目的とし、われわれの生活に密接にかかわる仕事をしていることを忘れてはならない。

　通常われわれが政治家という場合、「公職を選挙で争う人々のうち、政治活動が主な仕事になっている人たち」のことを意味する。国会議員を先頭に、知事や市町村長、それに都市部の地方議員などがこれに含まれる。とりわけ国会議員（衆議院議員のみ代議士とも呼ばれる）は、日本国憲法で「全国民を代表する選挙された議員」（43条）と表現されているように地域の代表ではなく国民の代表である。

1）議員活動

　議員活動の中心は国会（本会・委員会）であるが、アメリカ、イギリスのように1年を通じては開かれず、開会の目的によっていくつかの種類がある。予算や関連法案の審議を中心として毎年必ず開かれる通常国会、衆議院の解散総選挙が行われた後に開かれる特別国会、必要に応じて開かれ

る臨時国会である。国会議員は、①法律の審議・議決、②国家予算の議決、③条約の承認、④総理大臣の指名などの仕事を行う。また、選挙区からの陳情の処理は積極的に行わなければならない。国会議員は選挙区と国とのパイプ役を務めることになる。中央省庁と選挙区との橋渡しを行い公共事業などの予算を獲得することは議員としての重要な仕事であるため、国会議員は中央での活動はもちろんのことハードスケジュールをこなさなければならない。特に、国会の会期中は、金曜から月曜までは地元で活動し、火曜日には国会に戻るという、いわゆる「金帰火来」の生活を繰り返すのである。

2）党活動

　議員の活動としては、政党のための活動もある。無所属の議員もいるが、ほとんどの議員は政党あるいは会派に所属して政党活動を行っている。日常的には政党の組織強化のための活動、各種の演説会などに参加して政策をアピールする活動、党本部や支部などの役職に就いてこれをリードしていく活動、さらには選挙応援をする活動などがある。国会議員はその役職に就くと同時に地元の選挙区の責任者ともなり、地方議員と一緒に党活動を積極的に行う。政治家にとって地元で党の政策を訴え、浸透させることは議員の大切な仕事である。とりわけ、党の政策作りも議員の重要な活動の1つである。

3）集票活動

　かつて自民党代議士大野伴睦がいったように「猿は木から落ちても猿だが、政治家は選挙に落ちればただの人」である。だから、議員にとって1番恐ろしいことは選挙に落選することである。そのため、議員は日常的に自分の選挙区での冠婚葬祭をはじめ地元のさまざまなな行事（子どもの野球大会、婦人会の盆踊り、月見会、忘年会、新年会、地域の運動会など）に参加し、有権者とのつながりを絶やしてはならない。こうした活動は、すべて選挙に当選するための票に結びつけるための活動である。

2．わが国の政治家の特徴

1）世襲議員（二世、三世議員）

　わが国の政界の特徴の1つは世襲議員（二世、三世議員）が多いことである。イギリス、アメリカにも二世議員はいるが、日本のそれとは大いに異なっている。これらの国々では、選挙地盤の世襲は政党も有権者も認めないために、下院レベルでフランス、ドイツではほとんどいない。イギリスの上院（貴族院）議員の半数近くは世襲貴族議員で占められていたが、1999年にブレア首相が、世襲貴族議員制度を廃止した。比較的多いアメリカでも下院は5％ぐらいである。そのいずれも日本のように選挙地盤を継承していない。

2）日本の政治風土と世襲議員

　日本では二世議員が佐藤政権（1964-72）以後から目立ちはじめ、2005年第44回衆議院選挙では世襲議員（二世、三世議員）は166人で、これは自民党の候補者の約3割、民主党の候補者の約1割を占めており、そのうち133人が当選している。衆議院に占める割合は28％である。こうした世襲議員が多いのは、次のような理由からであろう。
a）選挙に立候補するには、巨額の費用がかかり、落選した場合の保障もないため、一般のサラリーマンが立候補するのは、まず無理である。ところが世襲議員は、選挙の三種の神器といわれる三バンを、親から引き継げる。三バンとは、地盤（後援会組織）、看板（知名度）、鞄（資金）のことで、これがあれば選挙戦を有利に戦うことができる。
b）後援会側の事情で、ある議員が引退あるいは死亡した場合、後援会は自分たちに利益をもたらすパイプを絶やしたくないため、後継者を立てようとする。その際、後援会が1番まとまりやすいのが、その議員の子どもや親族の候補者である。

　ところで、「改革」を繰り返し叫んできた小泉純一郎前首相も世襲議員である。祖父の小泉又二郎は浜口内閣（1929-30）の逓信大臣、父小泉純

也も衆議院議員、小泉前首相は三代目である。注目すべきは 2009 年 8 月 31 日の衆議院選挙で、その地盤を息子の進次郎に譲ったことである。小泉前首相は、地元での支持者に涙を浮かべながら政界引退を表明し、後援会で次のような旧来型の世襲を宣言した。

「祖父の又次郎は明治 41 年、1908 年に初めて当選した。三代目の私が 100 年目に引退する。四代目を継ごうとしている進次郎が立候補する。親バカぶりをご容赦いただき、ご厚情を進次郎にいただけるとありがたい」(「朝日新聞」2008 年 12 月 27 日)。

こうして息子に地盤を譲る理由を挙げる。結果は、トップ当選。世襲は今後、議員の世代交代とともに次世代を担う有能な新人議員の登竜門を狭める可能性もある。

一方、世襲議員は長期的には解消へ向かう、という議論もある。たとえば麻生内閣は首相自身と閣僚の半数以上が世襲だが、それは二世、三世が大量当選した中選挙区時代の議員にすぎず、二世と三世は衆議院の自民党に集中し、それも若いほど少なく、古参ほど多いことなどから、世襲はなくなるという。1996 年から小選挙区選挙が初めて実施され、民主党も世襲ではない人材を集め、自民党も候補者公募を多用しはじめた。日本の政治風土は大きく変質したと見るべきであろう。

3. 政治家に求められる資質

政治家は、内政、外交、金融、防衛政策も、すべての分野についての方向性、基本方針、重要法案について意見を持たないといけない。政治を志向する人間は、他の人間とは異なる政治的資質があると考えることができる。政治家には、どのような資質を期待したらよいのだろうか。

1) 政治的人間

権力と人間との関係を精神分析学的に明らかにしようとしたアメリカの政治学者ラスウェルは、その著『権力と人間』(1948) で政治を志向する人間を政治的人間 (homo politicus) と呼んだ。ラスウェルによれば政治

的人間には、他の人間とは異なる政治的資質があるとし、次のように図式化した。

$$p \downarrow d \downarrow r \downarrow = P$$

↓は変換（↓ = transformed into）を意味し、政治的人間（P = political man）とは、「私的動機（p = private motives）を公的な目標に変換し（d = displace）、公的利益のための名によって私的動機を合理化する（r = rationalization）人間」であるとしている。ラスウェルは、こうした変換を成功裏に行い得た者が政治的人間、すなわち政治家であると呼んだ。ただし、政治を志向する人間は、人一倍、権力欲に対する強い執着があるといわれるが、私的利益の追求だけが幅をきかせては政治とはいえない。国民に選ばれた政治家の最大の存在理由は、「公」に奉仕することである。そうでなければ政治屋にすぎない。

2）政治的人間の類型

多くの学者が政治的リーダーの類型分析を行っているが、ここではラスウェルの分析を挙げておく。彼は、政治を志向する人間を「煽動家」「行政家」「理論家」の3つのタイプに分類し、それぞれ「劇化的」「脅迫的」「冷徹的」という性格特性を関連させている。

a）煽動家タイプ：危機的状況に適合するタイプで、自己顕示欲が強く、挑発的で性急に人々の情緒的な反応を求める性向がある。
b）行政家タイプ：平時に適合するタイプで、緻密に秩序立てられたものを好み、常に計画性、合理的な志向をする。
c）理論家タイプ：観念や思想の分野で創造的才能を発揮するものであり、議論は抽象的で理論的な傾向を持つ。

3）マキャヴェリ、ウェーバーから見る政治家像
①マキャヴェリ『君主論』（1532）

イタリア・フィレンツェの政治家・歴史家であったマキャヴェリは、その著『君主論』（全26章）の中の第18章で「君主は偉大であろうとするならば、虚言や違約を恐れてはならず、自ら進んで狐と獅子とになら

なければならない。なぜならば人間は概して不信であり悪徳であるから。……君主は愛せられるよりも、恐れられることが必要である。……およそ支配者の行動は、結果における事柄によって推量されるべきであって、何か大きな冒険の事業を企てることによって、絶えず国民を緊張せしめ、国民の心をつなげなければならない」とし、君主（為政者）はいかなる事態に対しても、その政治社会の秩序維持を目的とするために、個人的な道徳感情を超えなければならないことがある、としている。そして政治家の責任は、その動機いかんにかかわらず「結果責任」であることを明らかにしている。

②ウェーバー『職業としての政治』(1919)

ドイツの社会学者であったウェーバーは、晩年の講演「職業としての政治」の中で、「政治家の資質と要件」という自説を説いている。ウェーバーは「政治家にとっては、情熱、責任感、判断力の3つの資質が特に重要であるといえよう。……情熱とは、それが「仕事」への奉仕として、責任性と結びつき、この仕事に対する責任性が行為の決定的な基準となったときに、はじめて政治家を作り出す。そしてそのためには判断力――これは政治家の決定的な心理的資質である――が必要である。すなわち精神を集中して冷静さを失わず、現実をあるがままに受け止める能力、つまり事物と人間に対して距離を置いて見ることが必要である」といっている。そしてウェーバーは、この講演のしめくくりとして「政治とは、情熱と判断力の2つを駆使しながら、堅い板に力を込めてじわっじわっと穴をくり貫いていく作業である」とした。このウェーバーの提言は、政治を天職（Beruf）とする者は、安易なロマンティシズムによって行動してはならず、「事柄」にかかわる冷めた情熱を保持することが肝要であり、「事柄」への判断は、それへの距離を保つ冷静な態度を持続すべきことを強く要請している。

4．官僚（制）とは何か

日常用語で「官僚主義」「あいつは官僚的なヤツだ」などという場合、

規格どうりで画一的な発想と行動をとる人間として侮辱的に使われるように、必ず、批判的なニュアンスを込めて用いられるが、そのような使われ方には一定の根拠がある。ここでは、政治学の理論としての官僚制（bureaucracy）について考えてみたい。いうまでもなく国家を統治するには政治家だけでは不可能である。その補助を行うのが官僚であろう。その官僚とは、官僚制を構成する官吏または職員を指し、官僚制とは一般的には、中央政府の行政機構ならびにそこに勤務する公務員集団を指す。

　欧米から生まれた官僚制の概念は、語原から見ると、ラテン語のburrusに発したbureau（事務室）とcratus（力）の合成であって、その語義は、「事務室支配」のことであり、19世紀前半にかけてドイツをはじめとする欧州各国に広まったといわれている。

①現代官僚制の特徴

　官僚制の特徴を体系的に明らかにしたのはウェーバーである。近代官僚制と前近代官僚制を区別し、前近代の官僚制を家産官僚制と呼んでいる。家産官僚とは、主君と主従関係を結んだ家臣を意味する。ウェーバーが挙げているのが古代エジプトや中国の事例である。これに対してウェーバーは、近代官僚制は次のような特徴的な側面を持つことを抽象的に説明している。

a）各官庁は、規則、法律、または行政規則によって、一般的な形で秩序づけられた明確な権限を持つ原則が存在する。

b）官職階層制および審級制の原則が存在し、上級官庁による下級官庁の監督を伴う官庁間の上下関係が整備されている。

c）職務執行が文書によってなされ、それを遂行するための下僚や書記スタッフがいる。

d）官僚の職務活動は徹底した専門訓練を前提にしている。

e）官僚の職務活動は官僚の全労働力を求めることになる。つまり、フルタイムで私宅を離れた職場で職務を執行する。

f）官僚の職務遂行は一般的な、多少とも明確な、網羅的な、習得可能な規則に従って行われる。

　これらの規則の知識が、法律学、行政学、経営学であり、官僚はこれら

の学問を身につけることを要求される。

②官僚制の逆機能

こうした整備された官僚制の組織には、行政の正確性、明確性、迅速性、継続性、慎重性、それに経済性等々の効果が期待されていたが、現実にはこうした効果を十分に発揮することはできなかった。官僚制の逆機能といわれる現象がこれである。すなわち、法規万能主義・派閥主義・権威主義・秘密主義・責任転換・画一主義・事大主義・形式主義・先例踏襲などの現象は、官僚制の「病理的側面」を示すものである。アメリカにおいて、第二次世界大戦後、ウェーバーの官僚制論が批判され、合理的官僚制よりもむしろ官僚制の「逆機能的」傾向が強調された。

官僚制は、政治学、行政学、社会学などの分野において主要な問題となっており、その概念を確定することは容易なことではない。ただいえることは、官僚制の合理的な組織面を積極的に評価することと、逆機能的側面を反省することに概念の共通性が存する。

5．日本の官僚（制）

日本の政治に欧米的な官僚（制）が導入されたのは、いうまでもなく明治時代になってからである。1886年に官吏服務規律、官僚養成を目指す帝国大学令が発布され、明治憲法下で「天皇の官吏」として権力構造の一躍を担った。彼らは、西欧社会に追い付くための富国強兵、殖産興業を軸とする近代化の推進に大きな役割を果たした。

第二次大戦後は、権力の正当性の根拠が天皇主権から国民主権に転換し、行政制度も占領軍により民主化されることとなった。「すべての公務員は、全体の奉仕者であって、一部の奉仕者ではない」（憲法15条2項）との基本原則に立って、1947年に国家公務員法が制定されるなど官僚制にも改革のメスが入れられた。同時に、戦前において最有力の官僚機構であった内務省も解体された。しかし、占領軍により軍部、政治家をはじめ社会の末端に至るまで、戦争遂行上指導的役割を演じた組織や人物が責任を問われたのに対し、占領軍側に間接統治を円滑に実施したいとの意向

もあって、官僚機構はほとんど温存された。日本の官僚制は、明治以来、「エンジンをそのままにして車体を変えてきた」ともいえる。

今日、官僚の本来の仕事は、国会（立法府）が決定した法律や政策を執行することである。しかし、社会が複雑化した現代においては決済しなければならない案件が膨大なこと（予算など）、特殊な専門用語知識が必要なこと（法案の起草など）から、立法府（国会）の領域まで官僚の助けを必要とするようになってきた。その結果、国会では「官僚が質問とその答弁を書いて議員と大臣に渡し、国会では互いにそれを読み上げるだけ」という光景も見られた。2009年9月の衆議院選挙の結果、自民党政権から民主党政権に政権が交代し、民主党政権では、イギリス議会の法案審議を参考に「本会議のみならず、委員会での審議も国会議員の責任であり、官僚が参加することは認められていない」（「官僚の答弁禁止」）などの国会改革の実現に動き出している。

さて、こうした官僚制を抜きに日本の政治は語ることができない。その影響力が大きいだけに、以下に指摘する日本の官僚制の特徴について、われわれは十分に理解しておかなければならない。

①**セクショナリズム**

組織の面において、階層性がとられているが、実体的には割拠性を内在させている。この特徴は、明治維新後の行政組織がいくつかの有力な旧藩の存在によって歪められたことに起源がある。したがって、「藩閥」「学閥」をはじめ「省益あって国益なし」、「局あって省なし」といった言葉に象徴される強烈な縄張り意識が強い個々主義がある。

②**後見的な身分の上下関係**

戦前の高等文官試験による任用・昇進の制度や学歴に相応して授与される位階等の制度は、高級官僚と下級官吏との間に主従関係にも匹敵する圧倒的な身分格差を生み出すことになった。現在でもキャリアと呼ばれる国家公務員試験Ⅰ種試験合格者とその他のノンキャリア間の待遇や昇進面での格差は歴然としている。

③**「官尊民卑」の意識・「お上（かみ）」意識**

明治維新後に形成されたもので、公務に携わる官僚を社会的に高い地位

にあるものと見なし、一般の国民を低位に位置するものと見なす、一種の差別意識である。当初、官吏の多くが支配的武士階級であったこと、天皇あるいは国家に仕えているといった意識、さらには位階勲等も恩典に浴する官吏身分そのものが、一般民衆に対する特権意識や愚民観を醸成していった。現在でも彼らの言動は端々にそうした点が見られる。

④キャリア官僚に見られる統治者意識

帝国大学を出て、高文試験に合格し、高級官僚の地位を得た優秀さと自信、さらには自らが国家を背負い、国民を煽動しているという自負心が彼らを支え、事実、そうした彼らによって国策が遂行されてきた。

⑤意思決定の方法としての稟議制

行政における計画や決定が、末端の職員によって起案され、順次上位者に回覧され、印判を得て、最後に法令上の決済者に至る独特の意思決定方式である。その長所として、(1)決定執行の段階において、組織内部の関係者から異議申し立てを不可能にし、関係公務員の協力を確保できる。(2)記録が保存される。同時に次のような短所も指摘される。(3)稟議の過程が長いことから能率の低下がもたらされる。(4)稟議制の下で責任の分散化が図られるから、意思決定の過程への参加者（組織の長も含めて）の決定によって実行された結果に対する責任が不明確になる（個人では責任をとらない全体主義）。(5)上級管理者が指導力を発揮することは難しい。逆に指導力のない上級管理者でも、その地位を維持できる。つまり、官僚はスタンドプレイを嫌う。

⑥法規万能主義

官僚は専門知識が豊富であり、法案、予算案の法文起草は官僚でないとできないために、自分たちが作成した法律や規則が優れている、という意識がある。

⑦官僚の民間・特殊法人の天下り

⑧中央官僚の地方自治体への出向

⑨政権政党との緊密な関係

各省庁は、政権政党（与党）に対して野党よりも国会質問に必要な資料や情報を積極的に提供（通称レク）する傾向がある。

6．官僚の行政指導による民間・自治体支配の現状

　行政指導とは、「行政機関がその任務又は所掌事務の範囲内において一定の行政目的を実現するために特定の者に一定の作為又は不作為を求める指導、勧告、助言その他の行為であって処分に該当しないもの」（行政手続法第2条6項）である。つまり、「一般的には、行政機関がある行政分野に属する事柄について、法令の執行・適用として、特定の個人・法人・団体等に強権的に命令・強制したり、任意的ではあるが、法令の根拠に基づいてそういう者に対し指導・勧告・助言などをするのではなく、法令の根拠に基づかないで、行政機関として、こうしたい、ありたいと希望し願望するところを相手方が実行するように働きかけることを意味する」とした公的機関の行為である。

　行政機関が、こうしたい、こうありたい、というだけで、自治体や民間企業は何の法的根拠などがなくてもそれに従うのであるから、行政側としては法律に縛られぬ弾力的な運用が可能であり、かつ直接的な行政コストが小さくてもすむというメリットがある。行政側としては行政主導による統制は有力な手段であるといえよう。ただしそこには、業界側もそれに従った方が補助金や新規参入の規制（許認可権）などで行政側が保護してくれるという期待があることを忘れてはならない。行政指導には、「石油カルテル事件判決」（東京高裁、1980）で示されるように、法の下の行政を空洞化させ、行政の明確性・透明性等を阻害しているという危険性を多くはらんでいる。

7．政治主導と官僚主導

　政治家は議会制民主主義の下で、その地位が国民の意思に基づいている。そうした政治的正当性を基に、国の政治に当たって国の方向性・基本方針を示す。官僚は政治的には中立であり「国民全体の奉仕者」という立場から、政治の示す基本政策に従って、その実施を担当して行政の執行に当たる。また、政治家が政策を決めるのに際してシンクタンクの役割を

担い、必要な資料を提供し、政策の選択肢を提示する。こうした構図が理想的なのだが、実際には政治家と官僚との関係には多くの問題を抱えている。ここでは、そのうちの一端を明らかにする。

1）政治主導

　今日、政権交代が行われ「官僚主導から政治主導」という言葉をよく耳にする。政治主導とは、多義的な概念である。政治家主導、与党主導でもあり、「首相を中心とする内閣主導」という考え方もある。この意味を理解するために国民、政治家、官僚との関係をバスにたとえてみよう（図10-1）。

　バスが他の車両と異なるのは、乗客と停留所があることで、つまり行き先が決まっていることである。バスが国家、乗客が国民、運転手が官僚、行き先——国の方向性・基本方針——を示すのが政治家である。その相互関係は、乗客は選挙によってバスの行き先を表示している政治家（政党）を選ぶ。当選した政治家は表示していた、その行き先を実現するために、運転手である官僚に指示を下す。そして専門知識に精通している運転手は、その指示に応じながら安全にバスに乗車している国民を運ぶのがそれぞれの役割である。もし、バスが国民の期待にそぐわないような方向に走ったならば、次の選挙でその方向に指示を下した政治家（政党）は交代である。1996年の小泉内閣の下でのいわゆる「郵政民営化選挙」では、小泉政権が明確に国民にバスの行く先を示した一例であろう。

　このように、政治主導とは、政治家が官僚の代わりに官僚がやるべきことをやるということではなく、官僚をコントロールして、リーダーシップを発揮することである。また、別の視点から考えれば、首相および内閣機能を強化することでもあり、首相を中心に内閣主導で政策を決定するシステムでもある。内閣が主導権を発揮し、与党の実力者の多くが政府（内閣）に入ることにより、与党の持っている政策権限と責任を内閣において果たすことにある。ただし、政治主導をする上で政治家が最も頼りにしているのは官僚であることを忘れてはならない。

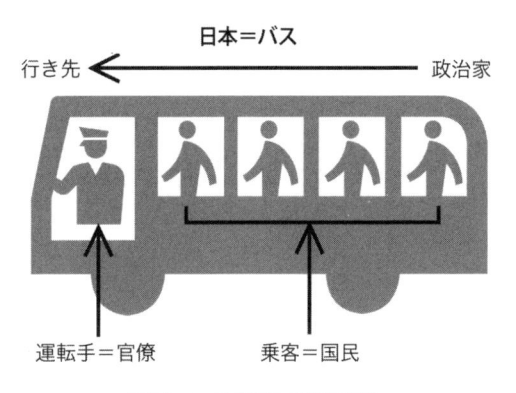

図10-1　政治家と官僚の関係

2）官僚主導

　官僚は、われわれがいなければ国が成り立たないという使命感からの統治者意識というものを持っている。したがって政治家が明確に官僚にバスの行き先を明らかにしないか、または、バスの目指すべき行き先が多く、その優先順位がはっきりしないとなると、運転手である官僚は、その統治者意識から、自らの省益（各省庁の利益）にそぐわない行動はしない。国民の乗っているバスを自分たちの省益に向けて走らせるのである。これが官僚主導という意味である。

　1996年、橋本内閣（自民党、社会党、さきがけ三党連立）の下での菅直人厚生大臣による薬害エイズ事件における事実関係の究明と責任問題の追及は、この事件が歴代内閣の下での厚生行政に対する官僚主導の誤りとその反省から、それを内閣が政治主導へと移行させた一例である。被害を拡大させた原因は、旧厚生省による資料隠しであり、事件の裁判が長い時間を必要とした原因は、旧厚生省薬務局による政策決定の誤りにあった。その過程で、エイズという病気や非加熱製剤の危険性についての情報が迅速に国民に知らされていれば、ある時点以降の被害はかなり食い止められたに違いない。旧厚生省はそれを、「知らせると血友病患者の間でパニックになる」という理由で公表しなかったのである。

　諸外国と異なり日本では、政権交代があっても官僚組織には全く影響し

ない。また、大臣が交代しても、官僚にとって都合の悪い情報は大臣には上げないし、また、いったん隠した情報は永久に隠し通せるのが、これまでの例であった。薬害エイズのように、官僚が誤った判断とわかった場合——官僚主導の失敗——は、まさに政治判断が必要であり、それは政治家の仕事である。こうした政治家と官僚の関係のあり方を整理すると、3つの原則が挙げられる。

a）統制の原則：政治家が官僚を指揮・統率するという原則である。政治家は、政治判断のいらない小さなテーマは、官僚に任せ、官僚の領域である行政実務にまで介入するといった「政治家の官僚化」であってはならない。

b）協働の原則：政治家と官僚との役割分担の明確化の原則である。政治家と官僚との関係は、役割分担の関係にあり、緊張を保ちながら相互の立場を理解し協力し合うという関係であり、上下関係ではない。

c）分離の原則：行政機関によるさまざまな利益配分を党派的な圧力から切り離すという原則である。

この3つの原則が政治家と官僚の間で機能すれば、これまでの官僚主導を政治主導に変えることが可能であろう。

(田才徳彦)

参考文献

ラスウェル、永井陽之助訳『権力と人間』創元社、1954年
マキャヴェリ、河島英昭訳『君主論』岩波文庫、1998年
ウェーバー、脇圭平訳『職業としての政治』岩波文庫、1980年
ウェーバー、世良晃志郎訳『支配の社会学Ⅰ』創元社、1960年
辻清明『日本官僚制の研究［新版］』東京大学出版会、1969年
後藤田正晴『政と官』講談社、1994年
菅直人『大臣』岩波新書、1998年
佐々木毅『政治の精神』岩波新書、2009年

11章　世論形成過程

> **本章のねらい**
> ・世論の意味と、世論とマスメディアの関係を理解する
> ・マスメディアの世論に与える影響についての諸モデルを理解する
> ・2005年と2009年の総選挙を事例に、モデルがどれほど説明力を持つのかを理解する

　現代は「世論政治」ともいわれる。世論を無視して政治をつかさどることはできない時代である。そうであるがゆえに、政治家の側には世論を作り出し、誘導していこうという動機が生まれる。

　反対に、世論は常に存在しているとしても、それが政治家の耳に入らなければ、何の影響力も持たない。また、政治家の意見も地道な支持者回りや街頭での演説だけでは市民の感知するところとはならない。この二者をつなぐものがマスメディアになる。つまり、世論を政治の舞台に乗せ、政治家の声を市民に伝えていくのがマスメディアなのである。しかし、マスメディアは単なる媒体にとどまらない。マスメディア自身も1つの主体となり、世論を喚起する側に回ることもある。

　以下、この三者の関係を軸に、政治の側もしくはマスメディアが世論にどのような影響を与え、どのような結果が生じるのか、つまるところ「世論形成過程」について見ていくことにしたい。

1．世論とマスメディア

1）世論とマスメディア
①世論とは

「世論」とは何かという問いに対しては、「世間一般の人々の意見」であると回答することができる。しかし、いろいろな問題やテーマについて、人々は異なる意見を有している。それほど多岐にわたるものであるために、何でもかんでも「世論」という言葉で表すのは混乱を招くことになる。したがって、本章では、政治の領域、特に公共政策に関して人々が抱く考えを「世論」という言葉で表したい。

この「世論」という日本語は、「よろん」とも「せろん」とも読めるが、戦前、「よろん」と「せろん」は別物であった。「よろん」は「輿論」と書き、「世論」は「せろん」と読んだ。意味の違いとしては、まず「輿論」は理性的で、傾聴に値するものであり、喚起させていくものを指していた。これはハーバーマスが「公共圏」と名づけたものに等しいといえる。それに対し、「世論」は感情的で、政治家にとっては惑わされてはならないものであり、反対に操作していくべきものであったといえる（この違いは表11-1にまとめられている）。現在では、そのような明確な区別はなされず、「世論」という言葉はおおむね、一般大衆の意見という意味で理

表11-1　輿論と世論のメディア論モデル

輿論＝public opinion	⇒	世論＝popular sentiments
可算的〈デジタル〉な多数意見	定義	類似的〈アナログ〉な全体の気分
19世紀的・ブルジョア的公共性	理念型	20世紀的・ファシスト的公共性
活字メディアのコミュニケーション	メディア	電子メディアによるコントロール
理性的討議による合意＝議会主義	公共性	情状的参加による共感＝決断主義
審議をめぐる公的関心（公論）	判断基準	美醜をめぐる私的心情（私情）
名望家政治の正当性	価値	大衆民主主義の参加感覚
タテマエの言葉	内容	本音の肉声

出典：佐藤卓己『輿論と世論　日本的民意の系譜学』新潮社

解されている。

②世論調査と世論の測定

「世論調査」という方法によって、世論は公の場に表出されると一般的には考えられているが、この「世論調査」には問題が潜んでいる。鳩山由紀夫内閣が2009年9月に発足したが、以下、それからおよそ3カ月たったあとの世論調査（「朝日新聞」2009年12月24日朝刊）を題材に、いくつか問題点を挙げてみよう（数字は％、小数点以下は四捨五入、質問文と回答は一部省略）。

・衆院選の結果、民主党を中心とする政権に交代しました。政権交代が起きたのは、よかったと思いますか。よくなかったと思いますか。
　　　　よかった　　　　72　　　　よくなかった　　　　16
・全体としてみたとき、民主党中心の政権に対して、期待の方が大きいですか。不安の方が大きいですか。
　　　　期待の方が大きい　44　　　　不安の方が大きい　　45
・鳩山内閣が発足して約3カ月になります。内閣のこれまでの仕事ぶりをみて、どの程度評価しますか。（選択肢から1つ選ぶ）
　　　　大いに評価する　　3　　　　ある程度評価する　　51
　　　　あまり評価しない　37　　　　まったく評価しない　　7
・鳩山内閣は、民主党、社民党、国民新党の連立政権です。鳩山首相は政権運営にあたって、社民党や国民新党の意見を、なるべくとり入れるべきだと思いますか。そうは思いませんか。（カッコ内は9月16、17日の緊急調査の結果）
　　　　なるべくとり入れるべきだ　43（61）
　　　　そうは思わない　　　　　　50（31）

＜調査方法＞

（筆者注…2009年12月）19、20の両日、コンピューターで無作為に作成した番号に電話をかける「朝日RDD」方式で、全国の有権者を対象に

調査した。世帯用と判明した番号は3,465件、有効回答は2,115人。回答率61％。

　第1の論点は、世論調査の結果をどう解釈するかという問題である。つまり、今回、鳩山政権に対して「期待の方が大きい」が44％、「不安の方が大きい」が45％という結果が出ているが、数は多いが過半数にも満たない「不安」という結果を世論とみなすのか、少数意見を含めた分布そのものを世論とみなすのか、という問題である。この解釈は読み手にゆだねられるわけだが、新聞社の見出しがどう書かれているかもわれわれに影響を与える。ちなみに、この調査では「期待・不安で二分　鳩山政権の仕事ぶり、評価厳しく」という見出しがつけられていた。
　第2に、ワーディング（質問文の言い回し）の問題がある。ここで取り上げた最後の質問の選択肢は、鳩山首相が連立相手の意見を「なるべくとり入れるべきだ」と「そうは思わない」の2つである。おそらくこの2つの選択肢に回答者の意見は集約されるだろうが、たとえば「積極的にとり入れるべき」という人の意見は反映されない。世論調査の質問文では、第1に、選択肢は選べない項目がないよう「網羅的」でなければならない、第2に選択肢は内容が重複してはならず、「相互排他的」でなければならないというルールが存在する。もしかすると、この選択肢は前者の「網羅的」というルールに触れる可能性がある。
　第3に、世論調査の方式の問題がある。近年の世論調査ではRDD（Random Digit Dialing）方式が主流だが、その理由はこの方式だと時間もコストもあまりかからないからである。そのほか、これを用いるメリットとして挙げられるのは、電話帳に番号を載せていない人も対象として含まれることや、訪問調査では捕捉されにくかった若年層の回答が増えることなどである。しかし、デメリットとしては、固定電話を持たない人が排除されることや、回答者が拒否する確率が高いことなどが挙げられている。このデメリットが発生している場合、回答者に一定のバイアスがかかっている可能性が存在し得る。
　いろいろな問題が存在するとしても、世論を測る方法はやはり世論調査

しかないといわざるを得ない。そのような問題点が存在し、バイアスが潜んでいることを常に意識しながら、われわれは世論調査の結果を吟味していかなければならない。

③マスメディアの役割

　世論を形成するうえで重要な役割を担うのが、マスメディアである。マスメディアには、新聞、雑誌、ラジオ、テレビ、そしてインターネットが含まれる。「マス」という言葉が指し示すように、情報はこれらのメディアを通じて不特定多数の「大衆」に向けられて発信される。いずれのメディアが世論形成を牽引していくかは、場所や時代によって異なる。日本では、情報を得る手段が新聞や雑誌の活字媒体に限定されていた時代から、ラジオが登場した戦前、テレビが普及した戦後を経て、近年ではインターネット利用者が増大しつつある。その時々によって媒体ごとの影響力の大きさには違いが存在している。

　そのマスメディアが存在しているおかげで、人々は自分の知ることのできない情報を耳にし、理解することが可能となる。人は自らを取り巻く環境に対して、実際に見聞きして手にした情報だけにとどまらず、マスメディアが提示する情報にも基づいて、そのイメージを作り上げていく。このように人間が頭の中で描く環境を「疑似環境」と呼び、人はそれを基に現実を見ていく。マスメディアによって疑似環境が提供されていることからわかるように、マスメディアがどのように報じたかが人々の意見形成にとって重要となる。W.リップマンは著書『世論』の中で、マスメディアが発信する「ステレオタイプ（紋切り型の固定観念）」によって、人々は決まりきった判断を下すようになると指摘している。さらに、大衆社会と呼ばれる時代になると、エリートがマスメディアを通じて大衆操作を行う危険性が生まれてくる。権力による情報操作が行われる可能性はいつでも存在しているのである。

2）マスメディアが世論に与える影響

　マスメディアが世論形成に与える影響があるという議論については過

去、それが本当なのか、本当であればどの程度か、といった視点から、多様なモデルが存在してきた。各モデルの違いについて見ていこう。

①即効薬モデル（皮下注射モデル）

最初が「即効薬モデル」（「皮下注射モデル」ともいう）である。これは主に20世紀前半から戦後にかけて展開されたモデルであり、即効薬を摂取したときのように（即効性のある皮下注射を接種したときのように）、マスメディアの情報が人々の態度や行動に直接、多大な影響を与えると考える点が特徴である。このモデルは、大衆社会を念頭に、ナチスの宣伝活動や戦時プロパガンダなどの例から導き出されてきた。そのほかにも、H．キャントリルは、1938年に「火星人襲来」というフィクションのラジオ放送が全米でどれほどまでのパニックを引き起こしたかについて論じている。これを聞いた600万人のうち、100万人ほどが大きな不安に駆られたという。

このモデルでは、情報の受け手として受動的な大衆が描かれており、大衆がマスメディアの情報を取捨選択していく姿は想定されてはいない。さらには、マスメディアは大衆に直接働きかけるのであり、その間を媒介するものについては考慮に入れられていない。

②限定効果モデル

即効薬モデルに対する批判として1940年代から登場したのが、「限定効果モデル」である。即効薬モデルとは対照的に、このモデルが強調していることは、マスメディアの情報を受容・処理する過程における受け手の能動性と、受け手に対する個人的・集団的媒介要因の存在とその強さである。バラバラな個々人からなる大衆社会とは違い、さまざまな集団が活発に活動し、自立した市民が存在する多元社会を基礎とする議論である。

代表的な議論を紹介しておきたい。まずは、P．ラザースフェルドがE．カッツとの共著の中で提起した「コミュニケーションの2段階の流れ」という説である。これは、マスメディアよりも、小集団内のオピニオン・リーダーの方が人々に与える影響が強いという議論である。このモデルで

は、オピニオン・リーダーがマスメディアを通じて情報を受け取り、その人が自分なりの解釈を加えながら、自らが得た情報をその周辺の人々に伝えていくという流れが想定される（図11-1）。だが、これはある程度多元的な社会では当てはまるもので、そうでない社会では、マスメディアの影響は絶大なものであると理解される。

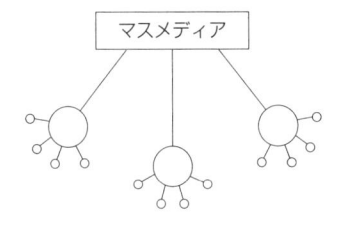

次は、J.クラッパーの議論である。彼は、マスメディアが人々に与える影響に関しては「創造、補強、減殺、改変、無変化」の5つのパターンが存在するとした。彼はマスメディアが人々の志向を変えてしまう「改変」効果よりも、それまで持っていた考えを強固なものにする「補強」効果の方が大きいと論じた。なぜならば、人々は自分たちに都合のよい情報に触れたがる傾向を有しているからだとする（これを「選択的接触」という）。たとえば、ある政党を支持している人がその政党の批判は聞かないふりをし、その政党に好意的なニュースに耳をそばだてる行為がそれに該当する。つまり、マスメディアからの情報を人々が無視するのは、自分が所属している集団（「準拠集団」）の持つ規範や原則などに反する場合であり、進んで摂取するのはその集団を賞賛する場合なのである。

この「限定効果モデル」に共通するものは、マスメディアの意図を変化させ得る媒介項の存在である。オピニオン・リーダーや準拠集団の存在が、マスメディアが個々人に与える影響を限定的なものにさせるのである。

図11-1 コミュニケーションの2段階の流れ

③強力効果モデル

マスメディアの影響が大きいとした「即効薬モデル」から「限定効果

モデル」へと議論は推移したが、1970年代に振り子はもう一度戻ってきた。「強力効果モデル」は、「限定効果モデル」を批判し、再度マスメディアの影響の強さを論じた議論である。ただし、「即効薬モデル」とは異なり、徐々に、マスメディアの影響がどれくらいの範囲に及ぶのか、マスメディアが伝える報道のうちどのような内容が影響を与えやすいのか、誰に影響を与えるのか、といった問題を扱うようになっていった。

a）議題設定機能

ここでもいくつかの議論を取り上げてみたい。まず、議題設定（アジェンダ・セッティング）機能である。D.ウィーバーやM.マコームズらが提唱したこの概念は、マスメディアが取り上げる問題が、政治的・社会的な議題（アジェンダ）となる、もしくはそうであると思い込まされるということを説明する。クラッパーも論じたように、マスメディアが人の意見を変えることは容易ではないが、「今政治において何が重要なのか」を周知させ、議題を作り上げていくことに関しては重要な役割を担っている。たとえば、景気対策と国防が議題になり得るテーマであった場合に、マスメディアが景気対策を中心に取り上げた場合、受け手は国防よりも景気対策の方を重視するようになる。

b）フレーミング効果とプライミング効果

次に取り上げるのは、マスメディアが情報の受け手にどれが議題となるのかを提示したあとの展開であり、人々の態度や行動にも影響を与えると考えるという点で、議題設定機能の後続効果とみなすこともできる。その代表的なモデルの1つが、フレーミング効果である。これは、情報の送り手であるメディアが、ある事実についてどのようなフレーム（枠組み）で報道するかによって、情報の受け手の意見や態度が影響を受けるという説である。この議論は、人はある争点を理解する際に、何らかのフレームの中で理解しようとするという前提から出発している。たとえば、現在の日米安保体制における日本について、米軍に占領され、彼らの要求を一方的に飲まされ続ける日本というフレームと、安全保障を米軍に委ね、経済発展の追求や平和主義を貫徹できた日本というフレームで見ることができるとすると、どちらかの視点でマスメディアが報道し続けていれば、受け手

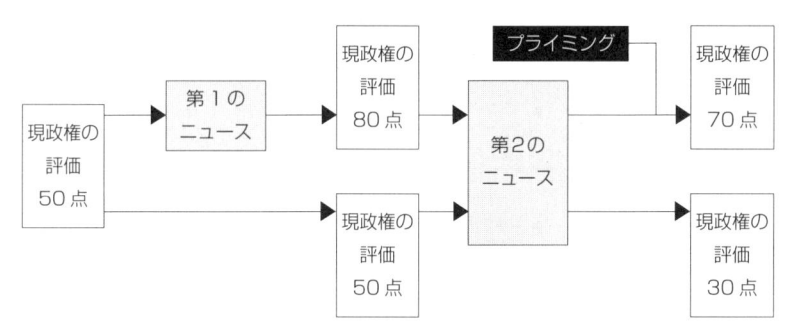

図11-2 プライミング効果
出展：高瀬淳一『情報政治学講義』新評論

はいずれかのフレームに則ってその議題を理解するようになる。

　もう1つが、プライミング効果（誘発効果）である。プライミング効果とは、マスメディアが報じた内容が受け手の記憶に残り、再度同じ問題を見聞きしたときに、そのときの評価の影響を受けることである。図11-2は仮定の話であるが、政権に対するもともとの評価（50点）から、肯定的な「第1のニュース」を見聞きした人はその評価が上昇した（80点）とする。その後、否定的な「第2のニュース」を見聞きしたとき、「第1のニュース」に触れていなかった人は当初より低い評価になる（30点）が、触れていた人は「プライミング効果」により、もともとの評価よりは高いまま（70点）となる。

c）沈黙の螺旋

　最後に取り上げるのが、情報の受け手側である一般大衆の間で多数意見がどのように影響力を広げていくかを論じた「沈黙の螺旋」モデルである。この説はE．ノエル＝ノイマンが主張したが、彼女によると、マスメディアに代表される意見と異なる考えの人は、自らを少数派と認識し、自説を変えることはないが、公の場では沈黙してしまうとされる（その流れを表したのが図11-3）。このように、マスメディアが伝える世論調査などから、世の中の「多数意見」が何であるかが判明し、その認識が広がっていくことを考えると、マスメディアの与える影響は大きいことがわかる。しかし、その意見は、本当は「多数意見」ではないかもしれない。先

11章　世論形成過程　｜　165

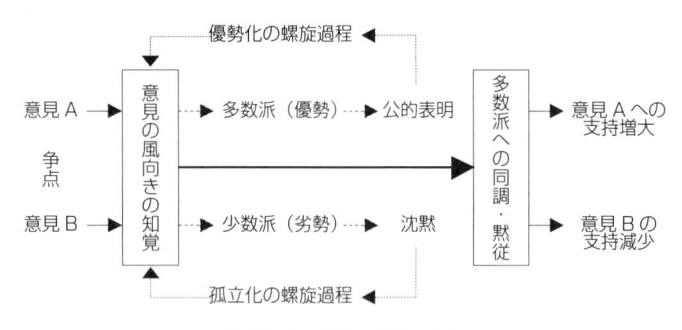

図11-3 沈黙の螺旋モデル
出展：竹下俊郎『メディアの議題設定機能』学文社

の世論調査では鳩山政権に対して「不安の方が大きい」と答えた人が回答者中で45％であったが、回答率が61％であったことを踏まえると、全体の約27％が「不安」だと答えているにすぎないのである。

以上、「強力効果モデル」について取り上げたが、マスメディアの影響は人々の認識のレヴェルにとどまるのか、それとも人々の態度や行動にまで影響を及ぼすのか、モデル間でも相違が存在している。さらなる実証研究が求められるわけであるが、次節ではここ最近で重要だと思われる具体的事例を、これまで取り上げた理論を交えて紹介していきたい。

2．日本における世論・マスメディア・政治： 2005年と2009年の総選挙

ここでは、まずマスメディアが世論形成に大きな役割を担ったとされる小泉政権時代とそのピークとなった2005年の総選挙を、次にポスト小泉政権時代と2009年総選挙を事例に、政治家と世論、マスメディアに焦点を当てて見ていこう。

1）小泉政治と2005年総選挙
①小泉首相の選挙戦略
日本における昨今の国政選挙では、各政党の党首イメージが重視され

るようになってきた。その理由として、選挙制度の変更が挙げられる。1996年の総選挙から小選挙区制が導入されたが、それまでの中選挙区制の下では同一政党（特に自民党）内の同士討ちが存在し、政党名や党首よりも個人名や党内派閥の方が重みを持っていた。しかし、選挙制度の変革による小選挙区制の導入、さらには比例区の存在もあり、候補者よりも政党が重視されるようになった。その結果、各党党首のイメージが重要となってきたといえる。

党首イメージがどれだけ市民に影響を与えるかといえば、2000年、当時の森喜朗首相が失言を連発し、それがメディアに取り上げられ、首相イメージの悪化を招いたことが挙げられる。選挙直前の支持率はわずか19％であった（「朝日新聞」2009年10月14日朝刊）。森率いる与党は2000年の総選挙で辛くも勝利したが、その後、えひめ丸事件への対応のまずさもあり、支持率は急落し、辞任を余儀なくされた。それに対し、森のあとを襲った小泉純一郎首相は自ら積極的に繰り返しメディアに登場し、自己のイメージを構築していく。大手新聞社、テレビ局以外、特にワイドショーやスポーツ新聞などにも顔を見せ、そこで肯定的に取り上げられたことも、大衆が小泉を認知する1つの要因となった。

②小泉首相の世論形成戦略

小泉は自民党内で足場を固めていくよりも、一般大衆の支持を背景にトップダウン式の政策決定を行うやり方を採った。内山融によれば、小泉の手法は「論理的な説明よりも、インパクトのあるフレーズによって感情に訴えかける」もので、「パトス（＝感情・情念）の首相」と呼ぶにふさわしいものであった（内山融『小泉政権 「パトスの首相」は何を変えたのか』）。

小泉は「改革なくして成長なし」や「聖域なき構造改革」、「自民党をぶっ壊す」といった印象に残る言葉を多用した。「ワンフレーズポリティックス」と呼ばれるほど小泉首相の発言は単純明快で、大衆にとってわかりやすいものであった。さらに、支持率の低下が見られると2002年と2004年に北朝鮮への電撃訪問を実現するなど、巧みな戦術を採った。これは政

治家が主導した一種のプライミング効果であったといえる。

③ 2005年総選挙：郵政選挙

2005年の郵政民営化法案の否決から総選挙の自民党勝利までの一連の過程は、マスメディアと大衆が小泉自民党の政治手法・選挙戦術に見事に乗せられたことを示した。これはまさに「小泉劇場」と呼ぶにふさわしいものであり、彼は自らの思惑通りに自民党を勝利へと導くことに成功したのである。

境家史郎によれば、有権者は3つのルートから政治的情報（特に選挙の情報）を得ているとされる（図11-4）。彼の分析によれば、このうち、平均的有権者の接触度について見ると、①のマスメディアルートが最も高く、次いで②の直接、③の組織・ネットワークの順となる。ただし、候補者個人の情報になるとメディアと同程度、直接的なルートが影響力を増す（境家史郎「現代日本の選挙過程における情報フロー構造」『レヴァイアサン』）。つまり、有権者はマスメディアからの情報を頼りに判断を下していることは明らかである。この事実に基づいて、2005年の総選挙を振り返ってみよう。

2005年総選挙は「郵政民営化」が単一争点となった。郵政造反議員の非公認、「刺客」候補擁立といった演出で、小泉政権が「議題設定」に成功した。さらに、メディアは、小泉自民党の戦略に追従することで、期せずして「郵政民営化支持者 vs. 反対者」という一種のフレームを大衆に提

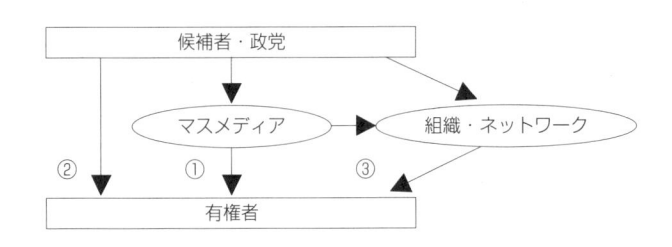

図11-4　選挙情報ルート

出典：境家史郎「現代日本の選挙過程における情報フロー構造」『レヴァイアサン』第36巻

供することになった。この過程で自民党は、いわゆる「B層」と呼ばれる主婦、高齢者、教育水準が低い層に照準を合わせ、郵政民営化の推進を訴え続けたが、これはこの結果からすると重要な戦略であったといえる。

特にテレビでの話題作りが功を奏し、無党派層をひきつけ、それまで勝てなかった都市部で勝利することにより、結果として自民党は圧勝した。日本では、放送法によってメディアの政治への公正・中立が謳われている（小栗泉『選挙報道』）。しかし、いかに公正・中立を謳っていたとしても、マスメディアが世論を主導し、大衆の考えに一定の影響を与えていることは紛れもない事実であることが明らかとなった。

2）ポスト小泉政治と2009年総選挙
①自民党の世論迎合とその失敗

2006年の小泉の退陣後、ポスト小泉をリードする「麻垣康三」という造語で呼ばれた人物のうち3人、すなわち安倍晋三、福田康夫、麻生太郎が首相として登板した（谷垣禎一は自民党下野後に総裁就任）。彼らはそれぞれ、およそ1年足らずで首相の座を退くこととなるのだが、彼らの選抜と政策の選択は、世論の動向に左右されたものであった。

安倍、福田、麻生が総理・総裁の座に就けたのは、彼らが世論調査（次期首相候補に関する調査）の結果で上位に名を連ねており、自民党の議員・党員たちがそれに反応し、彼らを押し上げた結果だった。しかし、3人は世論を読み間違うことにより、支持率を急落させていく。小泉を支持していた層が離反していくような政策を採ってしまったためだ。安倍が郵政造反組を復党させ、福田と麻生が従来型の自民党のバラマキ政治に回帰することにより、郵政民営化を支持し、構造改革に賛同した都市部や若年層の有権者は、自民党から離れていった（菅原琢『世論の曲解　なぜ自民党は大敗したのか』）。総選挙の直前、自民党は麻生首相の失言などで党首イメージも低下させていたが、その裏でやや長期的に自民党への失望感が蔓延しており、自民党は小泉時代のように世論を動かすことができなかった。

② 2009年総選挙：政権選択選挙

　2009年の総選挙を、マスメディアは「政権選択選挙」と称した。事前の予測報道で民主党の勝利が喧伝されていた中、「政権選択」という言葉は民主党の議題設定にマスメディアが乗ってしまうことを意味した。前回の郵政選挙同様、マスメディアは意図してか、意図せざるかたちか、フレームを大衆に与えることとなった（日野愛郎「政権交代は一日にして成らず　有権者意識にみる2009年総選挙」田中愛治ほか『2009年、なぜ政権交代だったのか　読売・早稲田の共同調査で読みとく日本政治の転換』）。

　民主党は今回の選挙を「政権交代」のための選挙だと主張した。民主党が政権政党として期待され、自民党への失望も加わった結果、その民主党は圧勝し、戦後初めてとなる選挙による政権交代は実現した。2005年と2009年ともに第1党が圧勝したという結果を見ると、郵政民営化への賛成や政権交代という1つの流れができると、その意見が多数派となり、一部の人々はその流れに続いたとも考えられる。「沈黙の螺旋」のメカニズムが過去2回の選挙でも働いたのかどうかは、実際の分析を待つほかない。

（笹岡伸矢）

参考文献

蒲島郁夫・竹下俊郎・芹川洋一『メディアと政治』有斐閣、2007年
高瀬淳一『情報政治学講義』新評論、2005年
菅原琢『世論の曲解　なぜ自民党は大敗したのか』光文社新書、2009年
佐藤卓己『輿論と世論　日本的民意の系譜学』新潮社、2008年
竹下俊郎『メディアの議題設定機能　マスコミ効果研究における理論と実証』学文社、1998年
星浩・逢坂巌『テレビ政治　国会報道からTVタックルまで』朝日新聞社、2006年

12章　立法過程

> **本章のねらい**
> ・イギリスを例にとり、議院内閣制をとる国における立法過程とその特徴を理解する
> ・アメリカ合衆国を例にとり、大統領制をとる国における立法過程の特徴を理解する
> ・日本における立法過程の特徴と問題点を理解する

1．イギリスにおける立法過程

1）イギリスにおける立法過程のあらまし

　議院内閣制をとるイギリスにおいては、法律として成立する法案の多くは政府によって提出される。これは事実上の内閣提出法案といえるが、法案の提出は内閣ではなく、政府に属する個別の大臣の名においてなされる。この法案の起草を担当するのは、内閣官房（Cabinet Office）の下に置かれる立法担当局（Office of Parliamentary Counsel）に属する立法担当官（Parliamentary Counsel to the Treasury）である。各省は、立法担当局の長たる第一立法担当官（First Parliamentary Counsel）に、立案の背景となる事情や立法の目的などを説明する起草指示書（instructions）を送付する。それを受けて、第一立法担当官は、2～3人の担当者からなるチームを決め、その担当者によって、提案内容の実行可能性や既存の法体系との整合性が審査され、全体の構成の立案、具体的条項化、最終文案の校訂がなされる。法案は、最終段階で法務長官（Attorney General）以下の法務担当官（Law Officers of Crown）およ

び内閣立法委員会の審査を受ける。

　こうして作成された法案は議会に提出され、審議されることになるが、その際、イギリス議会は、三読会制をとっている。第一読会とは、法案の名称を読み上げる形式的なものであるが、この後、法案は印刷に付され、第二読会へと回される。

　第二読会では、個別の条文に関する修正は行われず、法案の基本原則について政府と野党の指導的議員（フロントベンチャー）が向かい合って討議を行い、評決が行われる。この第二読会は、イギリス議会における最も重要な段階であり、ここで行われる激しい論戦のためにイギリス議会は、アリーナ（闘技場）型議会といわれる。

　次いで、法案は委員会での審査に付されることになる。大部分の法案はいずれかの常任委員会に付託されるが、憲法にかかわる重要な法案や形式的な審査で済ませることが可能と判断される法案については、全院委員会で審議されることもある。この段階において法案の骨格部分は修正されず、個別の条文への修正がなされる。委員会で修正を受けなかった法案は第三読会へと進み、委員会で修正と審議を受けた法案は下院に報告される。第三読会は、多くの場合、報告の段階が終了した直後に行われるが、ここにおいては実質的な審議を伴うことはほとんどなく、用語などの形式的修正のみがなされる。

　以上は下院における審議過程であるが、上院のそれもほぼ同様である。そして、両院を通過した法案へ国王が裁可することにより、法律として成立することになるのである。

2）イギリスにおける立法過程の特徴

　イギリスにおいては、選挙で下院における多数を獲得した党、すなわち与党の指導的議員が与党の執行委員会として内閣の役職に就くという、政府・与党一元体制が貫かれている。そして、議会内における党規律は強く、造反議員は次回選挙での公認候補者になれない恐れや、昇進ルートから排除される恐れがあるので、一般議員（バックベンチャー）は党規律を無視して造反することは容易ではない。また、議院内閣制というシステム

をとっている以上、野党が内閣提出法案に影響を及ぼすことが困難であることは当然であるが、第二読会における与野党の指導層による活発な討論も、個々の法案の廃案や修正をめぐるものではなく、次期の総選挙に向けて国民へアピールすることを目的として展開されている。さらに、イギリスでは、議会における討議を重視する本会議中心主義がとられ、議会を強める委員会制度を発達させないという暗黙の了解がある。こうして、政府は、与党一般議員、野党、委員会をコントロールすることができるので、議会は相対的に弱い存在といえる。

しかしながら、逆にいえば、このことは首相のリーダーシップが強力であることを意味している。この首相の強いリーダーシップの下、選挙時に掲げたマニフェストを実現すべく政策本意の政治を行うことが目指されているといえよう。また、わが国の国会審議の中心をなす委員会では、質疑者たる議員と政府参考人たる官僚との間のやり取りが頻繁に行われるのに比べ、イギリスの議会における審議は、あくまでも本議会での与野党政治家間の議論を中心に進められる。さらに、イギリスにおける公務員は「時の政権の奉仕者」とされ、大臣等の指示の下、匿名の黒衣に徹するといわれている。このように、イギリスにおいては、首相のリーダーシップの下、官僚主導ではなく、政治主導（内閣主導）の政策の実現が目指されているのである。

2．アメリカにおける立法過程

1）アメリカにおける立法過程のあらまし

大統領制をとるアメリカ合衆国においては、憲法によって立法・行政・司法の三権は厳格に分離され、それらの三権はそれぞれ議会・大統領・裁判所に分属させられている。それゆえ、憲法上、行政部と立法部の間につながりはないことになっている。そのため、アメリカでは、形式的には立法部における法律制定はすべて議員立法という形で行われる（ただし、大統領は教書という形で議会に対して立法の提案ないし勧告を行うことができるし、議員の可決した法案に対して拒否権（veto）の行使もできる）。

議員によって提出された法案は、委員会に付託される。委員会では、行政府意見聴取や公聴会などで当該法案が審議される。委員会には専門スタッフが会派別に置かれ、所轄条項の調整や内外との調整等が行われる。また委員長は、提出された法案の中から、どれを、いつ、どのように取り上げるかといった法案成立にかかわる事柄に関して絶大な権限を有している。そして、この委員会において、法案が本会議可決相当とされれば、委員会によってその旨が本会議に報告され、本会議での討議の対象となる。

　本会議では、可決相当の委員会報告がなされた議案について討論され、修正され、採決されることになる。一院で可決された議案は、他院に送付され、そこでも可決されれば、大統領に提出される。両院の議決が一致しない場合、原則として一致が見られるまで両院間で修正等がくりかえされることになるが、重要案件については、多くの場合、一院の要請に他院が承諾して、所轄委員会の委員を中心に選任された協議員からなる両院協議会が設置される。各院の協議員は、各々の院ごとに院の意見を決定し、その結果、両院の一致が見られたところが、両院協議会報告として各院に提出され、これに対して各院で採決がなされる。

　こうして、両院で議決された後、法案は大統領に提出され、提出後10日（日曜日を除く）の期間内に大統領の承認（署名）が得られれば法律として成立することになる（同期間内に、大統領が承認も拒否権行使もしなかった場合も同様）。また、同期間内に、大統領が拒否権を行使し、法案を議会に還付した場合には、これに対して、各院が3分の2以上の特別多数決で再可決すれば、法律は成立する。ただし、議会が休会中で、法案の還付ができない時、法律は成立せず、この場合には議会の再議決による拒否権転覆の機会はない（ポケット・ヴィトー）。

2）アメリカにおける立法過程の特徴

　アメリカの議会は、社会のさまざまな要求を法律（政策）に変換する機能を有し、多様な民意を反映した議員によって国民的合意を形成していくことを目指す変換型議会であるといわれる。大統領制をとるアメリカにおいて、立法の主体はあくまでも議会（ないし議員個人）であり、アメリカ

の議会における審議は委員会を中心にして行われ、議員立法の活性化が行われることになる。

また、アメリカの議会において興味深いのは、交差投票（cross voting）の存在である。アメリカでは、政党の拘束力が弱いので、各議員は各政党の方針によって態度を決めるのではなく、各議員の独自の判断によって態度を決めることになる。したがって、たとえば、野党議員が賛成に回り、他方で与党議員が反対に回るということも考えられる。これが交差投票と呼ばれるものであり、実際にアメリカではしばしば行われてきたのである。

さらに、ロビイング（lobbying）が活発に行われていることも、アメリカの立法過程の特徴の1つとして挙げられる。ロビイングとは、特定の目的に向けて、議会の議員に請願することにより影響を与えようとすることであり、その名は、そういった活動がもっぱら議会のロビーで行われていたことに由来する。もとより、こうしたロビイングはアメリカ以外の国においても行われているが、アメリカにおいてはそのような活動が組織化・構造化されており、諸制度の不可欠な部分をなしている。また、現代のアメリカにおいては、このロビイングの方法は多様化しているといわれる。すなわち、ロビイングを行うロビイストは、ある時には議員との会談や議会スタッフの援助といった直接的方法により、またある時にはプレス・キャンペーンや選挙運動への献金などの間接的方法により、議会における投票決定に介入しているのである。

3．日本における立法過程

本節においては、日本における立法過程を概観することになるが、2009年9月に民主党が政権を獲得したことにより、今後日本の立法過程に変化がもたらされることも考えられ、まだその先行きは不透明である。よって、ここでは、自由民主党が政権にあった時の立法過程を概観し、その問題点を明らかにしたうえで、それに対して民主党政権がいかなる対応策をとったか、ないし、今後いかなる対応策をとり得るかを現在わかって

いる範囲で述べることにする。

1）法案作成過程
①議員提出法案
　議員が法案を提出するに当たっては、衆議院においては20名以上、参議院においては10名以上、また予算を伴うものであれば、衆議院では50名以上、参議院では20名以上の賛成議員が必要とされる。与党議員が中心となって超党派で提出される法案（委員会提出法案となることが多い）は、水面下での調整・合意がなされるため、国会での実質的審議が行われないまま可決することが多く、野党が提出する政策表明の色彩が強い法案は、審議されぬままに廃案となったり、否決されるものが多い。

②内閣提出法案
　わが国の国会で審議される法案のうち、議員提出法案は少なく、多くは内閣提出法案であり、また内閣提出法案に関しては、その多くが原案通りに可決成立する。内閣提出法案の作成は、各省庁が主体的に課題を抽出・設定することを契機として行われるが、その他、事件や災害などの突発的出来事や、政府・与党・利益団体などの省庁外部からの働きかけもその契機となる。内閣提出法案の作成は、まず関係省庁の担当課によって着手されるが、その際、関係者間の利害調整を行う必要のあるものについては、中立的立場の学識経験者の意見を聴取し、調整を行う場として審議会が活用される。
　また、法案によって実現すべき施策に関係する省内の他部局との調整が行われた後、内閣法制局審査を求める前の省庁内の事前審査として、官房文書課や総務課などの法制担当部局における省内審査を受け、適正な修正が施される。次いで、内閣法制局の下審査、各省協議、各党への説明を同時並行的に経ることになる。内閣法制局においては、立法の必要性から、憲法を頂点とする既存の法体系との整合性、条文表現の精査まで厳しく審査される。また、法案は、諸利益の調整と法体系の整合性確保のため、各省協議にかけられる。内閣提出法案の国会への提出を決定する閣議や閣議

案件の事務的な調整の場である事務次官等会議は全会一致制を採用しているため、各省協議により、各省庁間で意見調整がなされ、意見の一致を見なければ、法案を閣議にかけることはできなくなるのである。

　これらの審査を通過した法案について、主任の大臣は、決済を与えた後、内閣に対して閣議請議を行う。請議書を受け付けた内閣官房はこれを内閣法制局に回付し、そこで最終的なチェックが行われる。また、閣議申請のため内閣官房に提出された法案は、閣議にかけられる前に事務次官等会議に提出される。この事務次官等会議は、設置についての法令上の根拠がないインフォーマルなものであるが、内閣官房副長官（事務担当）、内閣法制次長、各省庁事務次官らから構成され、閣議の前の事務的な最終調整の場となる。

　このようにして完成した法案は、閣議に提出されることになるが、同時にこの間に、いわゆる与党審査にかけられる。この与党審査は、法的根拠を持たない、インフォーマルなものであり、日本特有のシステムといわれる。政府を支える与党にとって、法案は自らの意に沿うものでなければならず、ここに与党審査の必要性が生じることになった。すなわち、法案は、閣議決定前に、自由民主党の機関である政務調査会部会、審議会、総務会に諮られ、その了承を得る必要があったのである。

　閣議では、提出された法案が審議され、その全員一致によって国会への提出が決定される。閣議決定の当日または翌日には、内閣官房から先議の議院の事務局へ内閣総理大臣の名で提出され、その後5日以内に、後議の議院にも提出されることになる。

2）国会における審議と採決の過程

　以上のようにして、議員ないし内閣から提出された法案は、先議の議院の議長が議院運営委員会に諮りつつ適当な常任委員会もしくは特別委員会に付託される。ただし、緊急を要する法案などに関しては、委員会の審査が省略されることもある。

　委員会に付託された法案は、委員長が日程を理事会に諮り、与野党が合意することで審議入りする。委員会では、まず法案の提案理由の説明

が提出者によってなされ、次いで質疑が行われることになる。質疑は、質疑者が所轄大臣や関係省庁の幹部らを相手に、一問一答形式で行われる。また、必要があれば、公聴会や参考人の意見聴取、証人喚問などが行われ、学識経験者や利害関係者などから意見を聞くこともできるが、一般の法案については参考人の意見聴取以外行われることは少ない。ただし、総予算および重要な歳入法案の審査に際しては、公聴会の開催が義務づけられている。質疑が終局したと判断され、これが合意されると、各会派を代表する者が賛否を明らかにして意見を表明する討論が行われ、次いで採決によって可決か否決か委員会の態度が決定される。委員会での採決の方法は、原則として、賛成者の起立であり、出席議員の過半数で可決される。質疑討論が終局せず、会期中に採決に至らない法案は、そのままでは審査未了となり、廃案とされるが、各議院の議決により委員会に付託された案件は、継続審査の対象となる。

　委員会で採決された法案は本会議にかけられることになる。その際、まず委員長が、可決、否決の如何にかかわらず、審査の経過および結果を報告する。つづいて、委員会と同様、本会議においても、採決の前に少数意見の報告、質疑、修正案の提出、討論が行われることになるが、これはあらかじめ各会派を代表する議員の申し出があった場合に限られ、委員長報告の後ただちに採決される場合も多い。採決には、「異議の有無の確認」、「起立」、「記名投票」があり、「異議の有無の確認」はあらかじめ全会一致が見込まれている場合に行われ、議長が必要と判断した時または出席議員の５分の１以上から要求がある時には「記名投票」によって行われる。また、参議院の場合、以上の採決の方法に加え、「押しボタン式投票」が導入されており、これが最も多い評決方法となっている。衆参両院ともに、本会議の定足数は総議員の３分の１であり、出席議員の過半数により（可否同数の場合は議長により）決せられ、議案に対するその院の意思が決定される。

　こうして、先議の議院で可決された法案は、後議の議院へと送付され、先議の議院と同様の過程で、委員会審議と本会議審議がなされ、議決がなされることになる。そして、法案は、両議院で可決したとき、法律とな

る。しかしながら、衆議院の法案が参議院で否決または修正議決された場合、衆議院が出席議員の３分の２以上の多数で再議決すれば、当初衆議院が可決したものが法律として成立する。ただし、法案について両院の判断が分かれた場合でも、両院の協議により意見の一致を図るために両院協議会が開かれることがある。両院協議会は、各議院において選挙された協議委員（両院各々10名）により組織され、協議案が出席協議委員の３分の２以上の多数で議決されたとき成案となり、両院協議会を求めた議院においてまずこれを議し、他の議院にこれを送付する。そして、各議院において可決されれば、これが国会の意思となるのである。また、後議の議院で同一会期中に可決されず、継続審査とされ、後の会期で可決された場合には、修正がなくても、先議の議院に送付され、あらためてその会期内に可決される必要がある。さらに、先議の議院において可決された法案を後議の議院が修正議決した場合、先議の議院に回付され、回付を受けた議院が同一会期中に同意すれば、修正されたものが法律として成立する。

以上のような過程を経て、成立した法律は、天皇がこれを公布し、30日以内に公布が官報に掲載されて法的効力を発生することになる。

3）日本の立法過程の特徴と問題点
①与党審査の存在

自民党政権時の立法過程における特徴の１つに、与党審査の存在がある。これは、内閣提出法案を国会に提出する際に、事前にその法案についての与党の了承を得るという、インフォーマルなシステムであり、日本独特のものといわれることは先に述べたとおりである。この与党審査は、国会運営の円滑化や党内民主主義の確保といった理由で正当化されてきた。

しかしながら、この与党審査のすべての過程において、各省庁の幹部が出席し、法案の説明や質問に答えることになったので、この過程で自民党と官僚との結びつきが生まれてきた。こうした結びつきは、いわゆる「族議員」が登場する一因ともされ、問題視された。族議員は、特定の利益団体の利益や特定の省庁の縄張り利益の代弁、擁護、拡張、調整を行って、政策決定に影響を及ぼし、その見返りとして政治資金や票を得ていたので

ある。

　このように、自民党の事前審査は、一方で国会運営を円滑にし、党内民主主義を確保するという側面を持っていたが、他方で、族議員を生み出す一因となっていた。族議員の存在は、政府が行う施策について、官邸よりも与党の意向が強く働くという、「党高政低」をもたらした。これは与党・政治家（族議員）主導という意味での「政治主導」であり、内閣が主導するという意味での「政治主導」とは異なる。民主党政権は、与党審査を廃止することを明言しており、これにより与党・政治家主導の「政治主導」ではなく、内閣が主導するという意味での「政治主導」を行い得るのか、注目されるところである。

②委員会中心主義

　わが国の国会における法案審議においては、委員会中心主義がとられている。このことは、国会が、イギリス議会を範とした議院内閣制をとりながら、審議においてはアメリカ型の委員会制度を導入するという、英米の折衷型議会であることを意味している。また、このことは、アメリカにおいてと同様、委員長のポストを与野党のいずれがとるかということが重要になることを意味している。委員会での採決の結果は、本会議の意思を拘束しないので、与野党伯仲であれば、委員会で否決された法案が本会議で可決される場合もあり得る（逆転可決）。その際、委員会での採決さえおぼつかないということになれば、時間切れで廃案にもなりかねない。こうして、いつ採決を行うか、どのように行うかといった議事進行についてのさまざまな決定権を持つ委員長の権限が重要になるのである。選挙の結果について、しばしば「安定過半数」という言葉が使われるが、これは常任委員会すべてで与党が多数を占めるとともに、すべての委員長の座を獲得することを意味するのである。

　以上のように、日本の国会は、議院内閣制の下で委員会中心主義を採用するという、英米の折衷型議会であり、このことによって国会の機能は曖昧なものになっているといわれる。すなわち、イギリスのように、法案のうちの多くを占める内閣提出法案が本会議で審議され、野党が問題点を指

摘して内閣に対抗するという、アリーナ型議会としての機能を重視するのか、あるいは、アメリカのように、大統領制の下、議員立法を前提として、委員会での審議を通じて議員の主義主張を法案に反映させていく、変換型議会としての機能を重視するのか、日本の国会においては不明瞭になっているのである。

　民主党政権は、委員会審議中における党議拘束を廃止する方針を示しており、このことは、議員が委員会審議を通じて法案を修正できるようになることを意味し、委員会を変換型にしていこうとする試みであるともとれる。

③ヴィスコシティと「国対政治」
　自民党の一党優位時代においても、国会は一定の機能を果たしていたといわれる。なぜなら、国会において、政府・与党が法案の承認を得るのに苦労し、野党に少なからず譲歩していたからである。確かに、議院内閣制においては、理論上、政府・与党によって提出される法案はすべて可決されても不思議ではない。ところが、実際にはそうなっておらず、このことは国会が内閣提出法案を修正し、時に廃案に追い込む能力を持っていることを意味するというわけである。この能力はヴィスコシティ（粘着力）と呼ばれる。

　ところで、国会運営に当たって重要な役割を果たすのが、常任委員会の1つである議院運営委員会（議運）と、各党の機関である国会対策委員会（国対）である。議運と国対とは、密接に連携を取り合い、与野党間の対立で審議が行き詰まった際に与野党間の調整を行う。しかしながら、このような調整は非公開で行われ、妥協案の下に審議が再開されることが多々あった。この妥協が引き出されたのは、ヴィスコシティが発揮された結果ととることもできようが、それが非公開でなされた以上、国民には「玉虫色」のものに映ってもしかたがない。特に、国対の場合、国会の正式な機関ではなく、政党のインフォーマルな組織であるため、それが行う調整過程は不透明なものとなりやすい。このように、政党の一組織である国対が不透明な妥協や取引を行うことは、「国対政治」としてしばしば批判され

てきたのである。

　今後は、立法過程における透明性の確保と、決定と責任の所在の明確化に向けた努力が図られることが期待される。そのためには、議運や国対による十分な説明責任が果たされるようになることが必要であろう。

④内閣提出法案の多さと「官僚主導」

　日本の立法過程における特徴の1つに、国会に提出され、可決される内閣提出法案が多いことが挙げられる。実際、国会に提出される法案のうち、約7割が内閣提出法案であり、しかもそのうちの8割近くが成立している。このことは、日本の国会が無能であると指摘された最大の理由である。すなわち、国会は、官僚によって作成された法律案に対して承認印を押す、ラバースタンプ（ゴム印）の役割を果たしているにすぎないといわれてきたのである。

　また、このことは、日本の政治や行政が「官僚主導」で行われてきたとする主張とも軌を一にする。国会における答弁においては、官僚が質問とその答弁を用意して、議員や大臣はそれを読み上げるだけという光景が見られたし、また、事務次官等会議は「官僚主導」の象徴であって、廃止されるべきであると主張されてきた。こうした「官僚主導」に対しては、それが「政治主導」へと転換されるべきであるといわれ、自民党が政権にある時代においても、そのための努力は行われていた。たとえば、1999年には、副大臣政務官制度が導入されたが、これは「官僚主導」から「政治主導」への転換を狙った1つの試みであったのである。そして、民主党が政権をとるに至って、「政治主導」の立場から、この事務次官等会議は廃止された。

　しかしながら、議院内閣制をとるわが国において、内閣提出法案が多いことは制度上当然であり、このことだけをとって国会を無能と断定するわけにはいかない。国会が無能であるかどうかは、国会内における実質的な審議がいかなるものであるかによって決まるであろう。「政権交代」が起こったことにより、日本の政治家の能力は増すことになるのか、日本の政治や立法過程はいかに変わるのか、「政治主導」を標榜する民主党政権に

注目したいところである。

(宮本満治)

参考文献

S. A. ウォークランド、田口富久治他訳『イギリスの立法過程』未来社、1973 年
岩井奉信『立法過程』東京大学出版会、1988 年
ブルーノ・ジュリアン、津守英夫他訳『アメリカの圧力団体：権力に迫る食料・農業ロビイスト』
　食料・農業政策研究センター、1990 年
伊藤光利・田中愛治・馬渕勝『政治過程論』有斐閣、2000 年
中島誠『立法学〔新版〕：序論・立法過程論』法律文化社、2007 年
大森政輔・鎌田薫編『立法学講義』商事法務、2006 年

13章　予算編成過程

> **本章のねらい**
> ・予算に関する基本的な事項について理解し、予算編成過程の各段階における時期や、その中心となるアクターに注目しつつ、大まかな流れを理解する
> ・小泉自民党政権下における経済財政諮問会議を中心とした予算編成の改革と、その成果について理解する
> ・政権交代を果たした民主党内閣にとって初めての予算編成作業となった2010年度予算の編成過程を振り返る

はじめに

　2009年8月の衆議院選挙での圧勝により民主党による政権交代が行われ、予算編成過程も変容した。民主党が選挙に際して掲げたマニフェストを実行するためには、新たな財源を捻出しなければならず、その財源確保のために、新たな試みが行われた。行政刷新会議による「事業仕分け」はその1つであり、「仕分け人」と呼ばれる民主党の議員と対象事業の担当者とのやり取りの模様が、連日大きく報道された。これまで内部で行われていた予算編成過程が国民の目の前で行われることとなり、国民の大きな関心を呼んだ。しかしながらこの「事業仕分け」の過程は、予算編成過程全体におけるほんの一部分にすぎない。

　予算編成とは、簡単にいうと、国家の歳入（収入）をもとに、歳出（支出）を決定することである。つまり、主に国民から納められた税金などの

歳入を、どの分野にどれだけ使うかを決める作業である。その国の予算を見れば、その国の真の実態がわかるというものである。

この章では、まず初めに、予算編成過程について、その時期や中心となるアクターに注目し、大まかな流れをつかむこととしたい。

また、予算編成過程には、国家の財政状況に対応するために、歳入を増やしたり、逆に歳出を減らしたりするための努力や工夫が必要である。そこで、近年の逼迫した財政事情に対応するために、どのような工夫がなされてきたのかを、小泉政権における経済財政諮問会議の機能を中心に見ていく。

また、2009年に行われた自民党から民主党への政権交代によって、初めて与党となり予算編成作業に取り組んだ民主党新政権下で、どのような試みが導入されたのか、そしてその結果どのような予算案が成立したのかを見ていきたい。その際に、各アクターの機能についても触れてみたい。

1．予算の基本事項

1）予算とは

まず初めに予算に関する基本事項を見ていく。予算とは、一定期間における政府の収支計画を規定したもので、法律の形式または法律に準じた形式で議会（国会）の承認を受けたものをいう。ここでいう一定期間とは、会計年度を意味する。会計年度は国ごとに異なっており、1月1日から12月31日までを会計年度と定める国もあるが、わが国では4月1日に始まり翌年の3月31日までとなっている。これは国だけではなく、都道府県や市町村などの地方公共団体における会計年度に関しても同様である。

予算編成過程が通常の立法過程と異なる点は、第1に、予算は毎年度一定の期限までに成立させなければならないということである。第2に、提出権は国会ではなく、政府にあるということである。法律は議員立法などのように議員にも法案提出が認められているが、法律ではない予算については、それを立案し、議会に提案できるのは、内閣のみとなっている。

2）予算の種類

　国の予算は、一般会計予算と特別会計予算に分かれている。国の予算のうち最も基本的な予算は、一般会計予算である。単に日本の予算というときには、国の一般会計予算を指すことが多い。一般会計は、社会保障、教育、公共事業など国の重要な財政活動をするために基本的な経費をまかなう会計である。また、国が特定の事業を行う場合や、特定の資金を保有してその運用を行う場合には、特別会計が設けられ、経理内容の明確化、行政コストの効率化が意図されている。予算が成立した後に、その年度の途中で、自然災害などの事情で、必要な経費が不足したり、内容を変更する必要が生じることもある。このような場合に、当初の予算に対して新たな経費を追加したり、その内容を変更したりする予算を、補正予算という。

3）予算の循環

　予算は、最初に編成され、議会で審議・決定され、執行され、終了後に決算が行われる。このような予算の過程は、編成→審議→執行→決算というサイクルを持って繰り返されることから、予算循環と呼ばれる。

　ある年に編成・審議された予算は、その翌年に執行され、さらにその翌年に決算が行われるということになる。このように、おおむね丸3年度以上の期間が予算の1サイクルとなる。また、ある1年で考えてみると、その年の中で、その年の予算を執行しつつ、前年度の決算を行い、来年度の予算を編成・審議するという3つの過程が同時進行していることになる。これを予算の重層構造という。

2．予算編成過程

　予算循環の中の最初の段階である予算編成過程とは、政府の各省庁が担当分野の見積もりを行い、財務省がこれを取りまとめ、それを基に内閣が政府原案を作成して、国会に提出するまでのプロセスのことである。予算編成には厳しい時間的な制約が課されており、各段階にはそれぞれ締め切り期限が設定されている。

予算編成過程は、変化する経済状況や逼迫する財政事情を背景に、頻繁に改革が行われるなど流動的ではあるが、この節では、まずは予算編成過程の大まかな流れを時系列にとらえていくこととする。

1）各省庁における編成作業
　まず初めに、各省庁において政策の実現のために必要な予算の見積もりが行われる。この過程は、次の3段階からなる。

①第1段階
　4〜5月頃より、各省庁の課レベルにおいて必要な予算の見積もりが行われる。

②第2段階
　6月頃より、課からの要求が局レベルにおいて検討される。各局の総務課（総務課のない局は筆頭課）が査定を行い、局としての予算要求を固める。この段階において、総務課の決定に同意できない課が復活要求をする機会も設けられている。

③第3段階
　7月頃から2カ月ほどの間にかけて、各局での査定を基に、省庁レベルの予算要求の決定が行われる。官房会計課が各局から上がってくる要求を査定し、各局の予算要求を検討する。この段階においても、各局と会計課との間で復活折衝が行われる。

　そして通常8月31日までに、各省庁は財務省に対し予算の要求を行う。これを概算要求という。この概算要求によって次年度予算の基本的枠組みが決定される。この概算要求に関しては、概算要求基準というものが設けられていた。概算要求基準については、後に詳しく説明を加えることとしたい。

2）財務省による査定

　各省庁から概算要求が提出された後、9月から12月にかけて、財務省（主計局）は、説明・聴取・審査を行い、その要求をどこまで認めるか検討する。この作業を、一般に予算の査定という。

　予算編成作業は12月に入って本格化する。12月中旬頃には、政府によって「予算編成の基本方針」が作成され、閣議決定された後、公表される。これに従った形で財務省原案がまとめられ、毎年12月の半ば頃に各省庁に内示される。査定は、新規要求や政策的に問題となる項目について重点的に行われるが、査定結果の公表や説明義務は負っていない。

3）復活折衝

　各省庁に内示された財務省の原案は、通常、概算要求を下回っており、各省庁がこれに満足することはない。そこで各省庁は削られた要求の中から重要施策と考えるものを選び、その項目を認めてもらうために財務省と復活折衝を行う。復活折衝は、各省庁の担当者と財務省主計局の職員との間で進められる。そこで決着がつかないときには大臣折衝に持ち込まれ、最終的な予算案が作られる。予算の編成に関する主たる事務は財務省が行うため、予算編成における財務省や財務大臣の権限は大きい。

4）閣議決定

　このような過程を経て、財務大臣は最終案を閣議に提出する。税制改正や歳出全体の伸び率、公債依存度などの重要な指標を判断の根拠としながら、全体としての数字が策定される。全体の大枠が決められると、各省庁別の予算の配分が査定される。このようにして歳入歳出予算案（政府予算案）が決定される。そして内閣は、この政府予算案を1月の通常国会に提出する。

　その後、政府予算案は、次の段階である国会審議の場へと移る。予算編成過程の次の段階である審議過程についても、簡単に触れておきたい。国会における予算の審議は、衆議院から始まる。これを衆議院の予算先議権という。予算委員会の審議を経て、予算が衆議院で可決されると、参議院

へ移され、参議院で可決されると予算が成立する。参議院が衆議院の可決した予算案を受け取ってから30日以内に議決しない場合には、予算は自然成立する。予算については、一般の法律よりも衆議院に強い優位が認められているのである。

5）概算要求基準

ここで概算要求基準について説明しておきたい。政府は各省庁からの予算要求に対し、あらかじめ閣議で上限枠を設定する。この上限枠は、以前はシーリング（英語で「天井」を意味する）と呼ばれていた。1985年度予算編成からは概算要求基準と呼び改められている。この制度は1961年度に導入されて以降、引き続き採用されている制度であるが、自民党政権の下で最も変化の著しかった制度である。

概算要求基準を設置するもともとの目的は、歳出規模の抑制というよりは、予算編成の労力を節約することにあった。予算要求においてはその裏付けとなる資料を作成しなければならない。採用される可能性の低い予算要求についても他と同様に膨大な資料を用意する必要がある。そのため、概算要求基準を設けることによってこのような労力の無駄を省こうとしたのである。

しかし次第にその目的は歳出規模を抑制することに変わっていった。このシーリングは、設定当初は、前年度予算額に対して50％増以内に概算要求を抑えるという内容であった。しかし、1982年度には、上限を前年度と同額とする「ゼロ・シーリング」に、そして1983年度からは前年度を下回る「マイナス・シーリング」が常態となるなど、その目的は明白に予算の圧縮となっている（真渕勝「予算編成過程」『政治過程と法　岩波講座現代の法3』）。

3．小泉政権における予算編成過程

1）経済財政諮問会議の役割

予算編成の大まかな流れをつかんだところで、次に小泉自民党政権にお

ける予算編成過程の変化を見ていくこととする。

　2001年4月に小泉政権が発足した。経済と財政の構造改革を標榜する小泉政権において、重要な役割を果たしたのは経済財政諮問会議であった。この経済財政諮問会議は、経済財政の運営と予算編成の基本方針や、経済財政政策の重要事項について調査審議することを任務とする。議長は首相であり、そのほかの構成員（議員）は、基本的には内閣官房長官、経済財政政策担当大臣（小泉内閣では長らく竹中平蔵がその任にあった）、総務大臣、財務大臣、経済産業大臣、日銀総裁、そして4名の有識者すなわち民間議員（財界人2名と経済学者2名）である。

　この諮問会議は、「議題（アジェンダ）設定」の主導権をかなりの程度まで官僚機構から取り上げることに成功した。従来の政策決定システムでは官僚が議題設定の主導権を握っていたため、官僚や利害関係を持つ族議員の利益を大きく損なう政策転換や制度改革が発案されることはまれであった。しかし、諮問会議が議題設定の権限を握ったことにより、主に民間議員から、官僚や族議員からは行われ得ない大胆な発案がなされるようになった。省庁や自民党の立場にはとらわれない民間議員は、毎年6月に出される「骨太の方針（正式名「経済財政運営と構造改革に関する基本方針」）」や、4名の民間議員が連名で出す「民間議員ペーパー」などを通じて議題設定への影響力を行使した。骨太の方針とは、その内閣の経済財政運営と構造改革に関する基本的な方針を記したものである。毎年6月に諮問会議を舞台として策定され、閣議決定される。この方針に沿ってさまざまな制度改革や翌年度の予算編成がなされる点で、その後1年間の政策の方向性を定めるものとして大きな影響力を持つものである。

2）予算編成過程の変化

　このような経済財政諮問会議の影響力は、予算編成過程においても行使された。竹中経済相や民間議員らは、財務省が握っていた予算編成の主導権を諮問会議に移そうとした。従来の予算編成では、各省庁・各事業ごとの予算シェアは前年度を踏襲しており、大きく変わることはなかっ

た。それに対して諮問会議は、重点分野には財源を集中し、それ以外の分野は削減するという「メリハリ」のきいた予算編成をトップダウンで行うことを目指したのである。

　諮問会議は、「改革と展望」や「予算の全体像」の策定など、予算編成の新たな仕組みを導入していった。毎年1月に改定される「改革と展望」（正式名「構造改革と経済財政の中期展望」）では、今後5年間の中期的な構造改革の方針や、経済成長や物価などマクロ経済の見通しを示す。また、7月下旬頃に策定される「予算の全体像」では、「骨太の方針」を予算編成に反映させる基本方針を示し、これを基に概算要求基準が決定される。こうして、諮問会議を中心に大きな方針と主要な議題を決めた上で、中期的なマクロ経済の展望も視野に入れて予算を編成するというプロセスが出来上がった。

　これまでは各省庁内部で新政策の検討が行われ、8月末の概算要求提出から年末の予算原案決定にかけて、各省庁と大蔵省の担当主計官や主査との間で個別の折衝が行われるなど、ボトムアップの積み上げで予算が編成されたために、内閣全体でどのような政策方針で予算編成に臨むかが明らかでなかった。しかし、「骨太の方針」の導入によって、それに基づき予算が編成され、各省庁も自らの目玉政策を骨太の方針に盛り込ませようと努力するようになった。この骨太の方針の策定に合わせて政策検討スケジュールが前倒しされ、各省庁の重点政策が骨太の方針に統合されて公表されるようにもなった。「議題統合」がなされるために国民も内閣の方針を知ることができるようになり、政策の内部検討時期と公表時期が異なるという二重構造もかなり解消されてきた。

　このように予算編成の主導権は表面上は財務省から諮問会議に移ったように見えるが、完全に移ったわけではない。官僚の側でも、のちの予算獲得を有利にするために、議題設定の場として重要な「骨太の方針」に自省の政策を入れ込むことに努力を傾注するなどの対応が取られてくるようになった。小泉政権におけるこのような権力バランスの変化は、財務省から諮問会議への完全な転換というよりは、一方向に固定されていた状態から、流動性のある微妙な均衡状態に移ったといえる。このように諮問会議

が政策決定の新たな舞台になったことで、財務省が独占していた予算編成過程は開放され、その結果、公共事業費の大幅削減などの大きな変化がもたらされた。2001年度当初予算では9兆4,335億円あった公共事業費（災害復旧費を含む）は2002年度予算では8兆4,239億円となり、前年度比10.7%削減した。その後も毎年度3～4%の削減を続け、2006年度予算の公共事業費は7兆2,015億円にまで減少したのであった（小泉政権における改革については、内山融『小泉政権』を参照）。

4．民主党政権における2010年度予算編成過程

1）「コンクリートから人へ」

次に、2009年の選挙において政権交代を成し遂げた民主党政権における予算編成過程を振り返ってみたい。

政権交代を狙う民主党が掲げたマニフェストは、「コンクリートから人へ」という考えの下、無駄な公共事業を減らし、社会保障や教育といった分野を手厚くするものであった。なかでも注目されたのは、子どものいる家庭へ支給される「子ども手当」の創設であった。子どもを持つ主に無党派層の若い世代から高い支持を得たこともあり、民主党は圧勝し、念願の政権交代を果たした。また、鳩山民主党政権発足に伴い、経済財政諮問会議はその機能を停止し、政治主導を実現するために国家戦略室、行政刷新会議といった組織が設置された。国家戦略室には予算の指針を決めること、行政刷新会議には予算の無駄を洗い出すことなどが期待された。

2）概算要求基準の撤廃

鳩山首相の下、改革に踏み出した民主党政権がまず取り組まなければいけないのは、マニフェスト実現のための財源確保であった。そのために、麻生自民党政権下において各省庁から提出されていた2010年度概算要求を廃止した。

そしてその再提出を求めた際には、要求の上限を示す概算要求基準を撤廃した。これは、閣僚らが自ら無駄削減を進め、必要な予算を自由に求め

られるようにするためであった。藤井財務相は当初、閣僚に対し「要求大臣でなく、査定大臣になれ」と呼びかけたが、現実には大臣らは各省の立場を主張し、要求額は膨れあがった。この結果、各省庁から提出された概算要求額は、95兆円もの過去最大規模となる結果となり、後の編成作業が難航する理由の1つともなった。

3）事業仕分け

　11月11日から27日にかけて、政府の行政刷新会議は2010年度予算の「事業仕分け」を行った。過去最大規模となった概算要求に盛り込まれた約3000の事業から449事業を選び、国会議員と民間人で構成された「仕分け人」がその事業の必要性や予算額の妥当性を評価した。1時間ほどの議論で事業の廃止や予算削減を判定するために、省庁側からは「議論の時間が短すぎる」などの反発が相次いだ。一方、国民の関心や支持は高く、ちょうど同じ時期に報道されていた鳩山首相の資金管理団体による偽装献金問題などカネにまつわる問題をさほど目立たなくさせた。このため、この時期における内閣支持率はほとんどの報道機関で横ばいか、微減といったものであった。この「事業仕分け」がなければ、もっと支持率が下がったことも予想される。

　大幅な無駄削減を期待された「事業仕分け」であったが、この「事業仕分け」の判定結果を類似事業にも適用する「横串」を含めても、削減できたのは、3兆円の目標に対し、6,770億円にとどまった。この段階で期待されていたほどの削減はできなかった。

4）閣議決定

　12月25日、2010年度予算案が決定された。国の予算規模を示す一般会計の総額は2009年度当初予算比4.2％増の92兆2,992億円で、2年連続で過去最大を更新した。子ども手当などのマニフェストの施策を盛り込んだ結果、歳出が膨張した。新規国債の発行額は過去最悪の44兆3,030億円と、当初予算段階では戦後初めて国債発行額が税収を上回った。公約を優先し、借金に依存するという体質が鮮明となったのである。

政権交代のために、予算編成作業は例年より1カ月半遅くスタートした。その期間の短さにもよるが、予算編成作業が難航した最大の原因は、マニフェストに掲げた政策の実現に鳩山内閣がこだわったことである。選挙に当たり鳩山首相は、一般会計と特別会計を見直すことによって10兆円や20兆円の財源を確保するのは容易だと主張していたが、「事業仕分け」でも無駄の洗い出しは進まなかった。「事業仕分け」による財源確保は、目標としていた3兆円には及ばず、2兆円程度にとどまった。鳩山首相はあくまでもマニフェストの実現にこだわったが、最終的には、小沢幹事長が出した民主党の要請を受け入れ、暫定税率廃止の撤回など、マニフェストの一部を修正することとなった。このように、9月の政権発足から100日あまりという短い期間で何とか年内に予算編成を行うことができたのであった。

5）権力バランス

　新政権における予算編成過程が難航したほかの理由としては、予算編成にかかわる各組織の機能不全も挙げられる。首相の指導力不足や、各大臣の「要求大臣」ぶりなど、さまざまな問題点が浮かび上がる。最後に、民主党政権における以下のアクターの機能、影響力について考察しておきたい。

①国家戦略室

　予算案決定後の12月25日、鳩山首相は「従来は財務省が予算の原案を作成したが、国家戦略室中心に官邸主導で予算編成を進めた」と述べた。国家戦略室は鳩山政権で新設された目玉組織であり、予算編成に関しては、これまでの財務省に依存した構造を改める役割が期待されていた。しかしながら、予算編成過程を通じて、その存在感は希薄であった。

　戦略室は一時、マニフェスト事業の扱いを取り仕切ろうと試み、関係省庁からのヒアリングを行った。予算をめぐって削減を求める財務省と満額要求を目指す省庁との対立が激しくなってきた12月の時点でようやく動き出すかに見たが、特に目立った動きは見られなかった。

国会審議を直前に控えた2010年1月上旬、予算編成を取り仕切ってきた藤井財務相が健康上の理由で辞任した。1月下旬から始まる予算の国会審議で重責を担う財務大臣の後任として選ばれたのは、副総理でもある菅国家戦略相であった。そのため国家戦略相を、仙谷行政刷新相が兼務することとなった。このように国家戦略室のトップを他の組織のトップが兼務することとなり、「国家戦略室で予算の骨格を決めるという当初の想定は完全に有名無実となった」と見る向きもある（「読売新聞」2010年1月7日）。

②財務省
　これまでは12月20日頃に財務省原案が各省庁に内示され、24日頃に政府案が決定されていた。しかし、2010年度予算編成ではこれまで政府案取りまとめのたたき台とされていた財務省原案が消えた。これは官僚主導でなく「政治主導」での決定を印象付けるためであった。そのため、各省の政務三役らがたびたび協議して懸案事項を決着させた。藤井財務相は12月25日の記者会見において、「原案がなくなったのは政治改革の大きな1つだと確信している」と話した（「朝日新聞」2009年12月26日）。
　このように財務省の影響力を排除する方法がとられることはあったものの、それでも財務省の影響力は随所に見られた。たとえば行政刷新会議の下で行われた「事業仕分け」については、それに先がけ、財務省が各省ごとの仕分け対象事業リストを挙げた。最終的に仕分け対象となったのは、財務省のリストに載っていた中の7～8割程度であった。その中には、文部関連予算が多く並んだ。これによって、これまで自民党の文教族を後ろ盾に守られてきた聖域に対し、財務省が政権交代を機に切り込む形となった。

③民主党幹事長
　首相によるリーダーシップが見られず、閣内調整が行き詰まる中で、存在感を示したのは民主党の小沢幹事長であった。一例を挙げると、約5,600億円が計上された農家への個別保障制度に関し、財務省が10分の1

以下の500億円まで削減するよう求めたことに対し、赤松農水相が一切の減額に応じる構えを見せないということがあった。それには、「戸別所得保障制度はしっかりやらないと選挙を戦えない」と直訴する赤松農水相を後押しする小沢幹事長という構図がその背景にあったからである。

また、閣議決定に先立って12月16日に小沢幹事長主導による民主党の重点要望が首相に提出されているが、ここには自民党支持団体の力を削ぎ、民主党への支持拡大を図るというような小沢幹事長が得意とする選挙対策を意識した動きも見られている。

おわりに

　国民の圧倒的な支持を得て政権交代を果たした民主党政権であったが、その最初の年である2010年度予算の編成は困難を極めた。国民との約束であるマニフェストの実現に必要な予算を確保するため、「事業仕分け」に見られるようなこれまでにない試みを行うも、期待したほどの成果を上げることはできなかった。それどころか必要な財源の確保が困難となり、そのためにいくつかのマニフェストを修正せざるを得なくなってしまった。

　今回の予算編成過程が困難であったことに関しては、国が景気低迷に伴う税収の落ち込みによる慢性的な赤字体質であることのほか、新たな組織として設立された国家戦略室が期待されたほどの効果を上げなかったことや、民主党政権における中長期における展望が示せなかったことなどのいくつかの要因が挙げられる。

　最後に、民主党政権が初めて初期段階から手がけることとなった進行中の2011年度予算編成過程も見ておきたい。2010年度予算の執行が始まって間もない2010年4月下旬と5月下旬に「事業仕分け」の第2弾が実施された。この事業仕分けでは、独立行政法人および政府系の公益法人が行う事業が対象とされ、70法人の82事業のうち、37事業が廃止すべきと判定された。この事業仕分け後には、各府省庁版の事業仕分けともいえる「行政事業レビュー」が行われた。また、7月27日の臨時閣議におい

て、国債の元利払い費を除く歳出額を 2010 年度と同じ 71 兆円以下とするとの概算要求基準が決定された。各省庁には要求段階で、社会保障費などを除いて 2010 年度より一律で 1 割削減するよう求めていくことになる。そして、これにより確保した財源で、成長分野に重点配分する 1 兆円超の「特別枠」を設け、この特別枠については、一般公開の「政策コンテスト」を実施し、配分を決定する予定である。

　そして、国家戦略相が概算要求基準の調整作業の担当から外れたことに見られるように、財政政策や予算編成において省庁間をまたぐ調整を担ってきた国家戦略室はその機能を縮小し、首相への助言機関へと変わる予定である。

　このように、予算編成過程は、自民党から民主党への政権交代により、新たな試みが行われ変化したのみならず、今後もさらに変化が加えられていくことになるであろう。2010 年度予算編成時の経験を踏まえて、政党は選挙のための口当たりの良いマニフェストではなく、予算編成において実現可能性の高い現実的なマニフェストを掲げていくことになると思われる。有権者の側では、政党が掲げるマニフェストが実際の予算編成の点において実現可能であるかどうか見極め、また、その予算編成過程におけるさまざまな取り組み自体が適切であるのか注視していく必要がある。

（石突美香）

参考文献

真渕勝「予算編成過程」『政治過程と法　岩波講座現代の法 3』岩波書店、1997 年
内山融『小泉政権』中央公論新社、2007 年
神野直彦『財政学　改訂版』有斐閣、2007 年
速水昇『要説　財政学　第三版』学文社、2003 年
高木勝一『現代財政学〔改訂版〕』八千代出版、2007 年
金澤史男『財政学』有斐閣、2005 年
内閣府行政刷新会議ホームページ　http://www.cao.go.jp/sasshin/

第Ⅳ部
現代政治の諸問題

14章　グローバリゼーション

本章のねらい
・グローバリゼーションとは何かを考える
・グローバリゼーションにおける国家の役割の変化について検討する
・グローバリゼーションの政治課題を考える

1. グローバリゼーションとは何か

1）グローバリゼーションとは

　今日、グローバリゼーション（グローバル化）という言葉は、政治家、経営者、マスメディアをはじめ学者に至るまで、あちらこちらで、さまざまな意味で使われている。グローバリゼーションという言葉は、1980年代後半以後、資本主義市場経済の拡大や情報通信技術の進歩などに伴って急速に使われるようになった。一般的には、ヒト、モノ、カネ、サービス、情報の交流が国境を超えて拡大する中で、現代のわれわれの政治・経済・社会生活に生じた「新しい」現象およびその特徴を説明するときに使われることが多い[*1]。

　グローバリゼーション（グローバル化）という言葉が普及する前には、国際化（インターナショナリゼーション）という言葉がよく使われた。では、グローバリゼーションと国際化の相違は何であろうか。「国際化」とは、国家の存在を前提として、国家間の交流が深まっていくことや、さまざまな分野で相互の協力・依存関係が深まっていくことを意味している。他方、経済のグローバリゼーションを中心として引き起こされているグローバリゼーションという現象は、国境を超えた交流が拡大する「国際

化」にとどまらず、従来の国家や社会のあり方、および国家と社会の関係のあり方が変化したり、新しい形が生まれたりする過程を意味している。つまり、グローバリゼーションは、国家の役割や機能および社会の構造や制度の変容過程といえる[2]。

このようなグローバリゼーションには、国家だけでなく、国家以外の国際機関や、国境を超えて活動するトランスナショナル（脱国家的）な非国家主体（たとえば、多国籍企業、NGO、市民社会）など、多様なアクター（行為主体）がそれに大きくかかわっているという特徴がある。それらの多様なアクターは、グローバリゼーションを推進する存在であるとともに、グローバリゼーションにより多大な影響を受ける（自らの変化を迫られる）存在でもあり、ネットワークを結んでグローバリゼーションを推進したり、あるいはグローバリゼーションに反対したり対抗したりしている。グローバリゼーションという大きな波は、その波にうまく乗って大きく利益を得ている組織体によるネットワークを出現させる反面、その波に取り残されたり翻弄されたりする人たちによるネットワークも、グローバルな規模で生んでいるのである[3]。

本章では、グローバリゼーションを「国境を超えるヒト、モノ、カネ、サービス、情報の交流の量的拡大と質的深化が引き起こす、政治・経済・社会構造の変容過程」と暫定的に定義しておく。そこで以下では、経済のグローバリゼーションとは何か、グローバリゼーションにおいて国家はど

---

[1] グローバリゼーションは経済、社会、文化、政治などさまざまな分野に及び、複雑で多元的・多義的な現象であるため、その定義1つをとってみても、社会科学の研究者の間でも、共有された理解はないといえる。また、グローバリゼーションのメリットとデメリットについても、さまざまな議論がある。国際関係に関連した論点についていえば、グローバリゼーションとは何かというその内容を問う論点と、グローバリゼーションが国際関係に与える影響を問う論点とがある。
[2] なお、本章での記述内容は、伊豫谷（2002）、特に遠藤（2003）、田所（2008）に大きく依拠している。
[3] 排外主義的なナショナリズムや宗教的ファンダメンタリズムに基づく「反グローバリゼーション」の動きもあれば、メキシコのサパティスタ運動のように、現状のような新自由主義的な市場中心のグローバリゼーションのあり方を問い、新たな多元的共生社会の実現に向けてグローバルな社会的連帯を求める、いわば「対抗グローバリゼーション」のような動きもあり、その運動形態や立場はさまざまである。また世界的な市民社会運動が国家を動かし、国際社会の合意作りを推進するケース（対人地雷廃絶運動など）も見られる。このように、国家、市場、市民社会という三者の関係は単純な対抗関係ではなく、協力的であると同時に競争的であったり、また補完的であると同時に対立的でもあったりするかなり複雑な関係である。

のように変容しているのか、グローバリゼーションの課題は何か、という3つの論点を取り上げる。ここでは、市場と国家（経済と政治）との関係に絞って、現代の政治課題について検討していきたい。

2）経済のグローバリゼーション

私たちが日常生活においてグローバリゼーションを最も身近に感じるのは、経済的側面ではないだろうか。一般的には、グローバリゼーションというと、国境を超える、ヒト（観光や移民）、モノ（貿易）、カネ（投資）、サービス、情報の量が拡大していく現象のことだと理解されるからである。しかし、そのような交流量が拡大する経済の「国際化」とも呼べる状況は、グローバリゼーションという言葉がよく使われるようになる前から存在していた。たとえば、19世紀末から第一次大戦前には、国境を超えた貿易や投資の交流が非常に活発に行われていた[*4]。また第二次大戦後の東西冷戦期においても、各陣営内（特に西側自由主義体制内）での経済活動は活発に行われ、国家間の経済的相互依存は存在していた。つまり、国境を超えた貿易や投資という経済の「国際化」や「相互依存」という現象はそれまでにも見られていたのである。

経済のグローバリゼーションを考える際に重要なのは、1970年代以降に見られるようになった多国籍企業による生産活動の国際化およびその組織化と、経済と権力の格差拡大、そして金融市場の拡大である。

1970年代以後、（製造業における）生産過程において、一国内で完結したそれまでの仕組みが崩壊し、大企業の多くが生産工程の一部（工場や子会社）を国外（特に労働賃金の安く環境規制の緩い途上国）に移転させる「生産の国際化」が始まった。この生産の国際化は、多国籍企業の中枢（先進国にある本社）が統一的な視点から経営管理・調整（および販売・マーケティング）をするようになったことを意味し、1990年代以降のグローバルなレベルでの企業組織、労働・雇用形態の再編につながっていっ

[*4] 見方によっては19世紀の方が貿易の規模や国際投資、移民の規模は大きかった。交流の規模の拡大をグローバリゼーションと考える人たちは、グローバリゼーションを19世紀末からの継続的な現象と見なし、それを「新しい」現象とは見なさない。

た⁽⁵⁾。

　多国籍企業および資本家層であるビジネスエリートたちは国境を超えるようなネットワーク化・組織化を図り、国家を横断するようなタイプの新しい権力主体として、主権国家の政治経済政策（たとえば、税制政策や労働政策）に介入するようになっていった。つまり、それらの市場内部の私的な社会勢力が、国家や国際機関に対して、自分たちが市場でより有利に行動できるような「正しい」制度作りを要請するようになったのである。その代表的な例は、毎年スイスの高級保養地ダボスで、世界の政治指導者や著名な企業経営者を集めて開催されている世界経済フォーラム（いわゆるダボス会議）である。その目的は国境を超えて統合される市場経済を管理・運営していくための「正しい」ルールについて討論し、その共通認識を形成することにある。ここでは、国際経済問題における利益の協調対立関係が、もはや国家単位での「国益」の協調対立の関係ではなくなってきているのである。

　また、経済のグローバリゼーションに伴う重大な問題として、経済的格差の拡大がある。グローバリゼーションを通じて、世界の人々が相互に密接なつながりを持つようになってきたという事態と、貧富の格差が拡大しているという事態が並行しているのがグローバリゼーションの特徴であるといえる。しかしながらここでの格差の特徴は、「国家間」の格差というよりも、途上国でも先進国でも豊かな者がより豊かになり、貧しい者がさらに貧しくなるという「国内」の貧富の格差が拡大していることや、グローバリゼーションの過程で職を失った人々、土地を奪われた人々、さまざまな政治社会の意思決定過程やその実践から排除された人々が増大していることにある。したがって、経済のグローバリゼーションによって生み出される貧困のキーワードの1つは「排除」であるといえよう。ここでの深刻な問題は、グローバリゼーションによって「経済」と「権力」の格

(*5) 日本的経営の雇用のあり方（年功序列や終身雇用）の見直しの動きや成果主義の導入なども、それに含まれる。その結果としてそれまでの雇用の安定性が著しく損なわれたことにより、社会保障を会社や家族に頼ってきたという特徴を持つ日本では、人々の生活を成り立たせる仕組みが脆くも崩壊した。

差拡大が同時に進行しているということである。

しかしながら、今日の経済のグローバリゼーションを考える際にさらに重要なのは、金融市場の拡大である。金融市場の拡大は、1971年の金・米ドルの交換停止と変動相場制への移行以来の傾向であったが、冷戦終結後の1990年代以降に世界規模で急速に進んでいる。

その特徴は、実体経済の規模や能力を超えた巨額の投機的な短期資本が群集心理によって連鎖的に世界を駆け巡ることにある。そこでは豊富な資金を持つ金融機関などの機関投資家や富裕層から資金を集めてそれを運用するヘッジファンドと呼ばれる企業が活動し、金融市場に多大な影響を及ぼしている。そこで対象となる取引商品（その多くは「デリバティブ」と呼ばれる金融派生商品）は通貨・為替、債権や証券から穀物などの食料、石油などの資源・エネルギーに至るまで多岐にわたり、経済の実体とはかけ離れた通貨や物価の急激な変動や投資家の不信感増大による短期資本の引き揚げは、国家（およびそこに住む人々）の健全な経済活動、さらには国家の存亡にかかわる事態に多大な影響を及ぼすようになっている。1990年代以降に起きたメキシコ通貨危機（1994年）、アジア通貨・経済危機（1997年-1998年）、ブラジル通貨・経済危機（1999年）、米国発の世界金融危機（2008年）など、一連の通貨・金融危機の発生はその例である。グローバルな金融市場の拡大によって、リスクもグローバルに拡大している。世界の大多数の人々は、自分たちの生活が手の届かないところからやってくる巨大な力に翻弄されているのである。

実際のところ、もはや先進国もこのような金融市場の動きを十分に制御・管理することが難しくなっているといわれ、国境を超えて統合されていく金融市場を誰がどのように制御・管理するかということが、現代の大きな政治課題となっている。

では、グローバリゼーションと国家との関係はどうなっているのだろうか。グローバリゼーションの進展により、国家が市場を制御することが難しくなっているといわれるが、国家の役割や機能はどのように変容してきているのだろうか。

2．グローバリゼーションと国家の変容

　グローバリゼーションについては、経済のグローバリゼーションに伴って国家の役割や機能およびその自律性は低下しつつあるという議論がなされる一方で、これまでに国家が有してきた一部の機能（たとえば、マクロ財政政策による景気調整機能）の低下は見られるものの、依然として国家は自律的な政策を展開する能力や機能を持っているという議論も提示されている。ここで注意をしておきたいのは、どちらの議論も過度に強調しすぎると、両者の間での論争が延々と続くだけで、経済のグローバリゼーションに伴う政治的変容の本質的な意味や課題が見えなくなってしまうということである[*6]。なぜなら、グローバリゼーションと国家の関係は、複雑で矛盾を含んでいるからである。つまり、国家が相対的に（特に経済的側面で）弱くなってきているというのは間違いではないが、国家が本当に弱くなってしまうと経済のグローバリゼーションは進展しなくなるのである。実のところ、国家は、経済のグローバリゼーションに適応しそれを推進するためにむしろ積極的な役割を果たしているのである。その際に注意しなければならないのは、国家の役割や機能のあり方が変わってきているということである。

　それでは、国家の役割や機能はどのように変化しているのか、さらには国家を含む社会構造はどのように変化しているのか、またその政治的意味は何なのか。

1）国家の変容の背景

　経済のグローバリゼーションと国家の関係を考える際にまず注目すべ

[*6] 近代における政治が国内の諸問題に関する主権を持つ国家と不可分と考えられてきたこともあり、主権国家を中心として分析する伝統的な政治学や国際政治学の分析枠組みでは、グローバリゼーションという問題の多元的な側面を十分に検討することは難しくなる。D.ヘルドによれば、グローバリゼーションの見方には、①グローバル主義、②伝統主義、③変容主義の3つの理論的潮流があるという。①では、経済のグローバル化の中で国家の管理者としての能力・機能を失いつつあると考える。これに対して②では、国家権力は依然としてその能力・機能を持ち、グローバル化の中でむしろそれは強化されている場合が多いと考える。③では、グローバル化の中で国家権力のあり方、国家の役割・機能が変化していると考える。

きことは、1970年代以後に国際環境が大きく変化したということである。その背景としては、第二次大戦後の西側自由主義経済体制を支えてきた米国の経済力が相対的に衰えたことが挙げられる。第二次大戦後、米国は圧倒的な経済的優位を背景に市場という国際公共財を請け負うことができた。またヨーロッパや日本などの重要な同盟国との経済関係では、余裕のある姿勢で臨むことができた。ところが1970年代になると、日本やヨーロッパ経済が実力をつけてきたため、むしろ経済的な競争相手であるという認識が米国側で強まった。しかしながら、米ソ対立の冷戦下では、軍事・安全保障の国際政治問題と経済問題はいわば分離され、西側同盟諸国の間での国際経済問題の政治問題化は極力避けられてきた[7]。国際政治において経済問題がロー・ポリティクス（低次元の政治）から軍事・安全保障問題に並ぶハイ・ポリティクス（高次元の政治）として扱われるようになり、経済問題が高度に「政治化」するのは、冷戦終結後になってからであった。

　第二次大戦後の西側自由主義経済体制（いわゆるブレトンウッズ体制）の特徴は、自由主義的なものであっても古典的な自由放任とは異なり、各国の政府が経済生活に積極的な役割を果たすことが前提とされていたことにあった。このような前提の下で先進資本主義国家は、政府が市場に積極的に関与して社会政策や経済政策をとることにより国民生活の安定と福利の増進を図っていく、いわゆるケインズ主義的な福祉国家を実現していったのである。たとえば、今日では非常に自由になっている国際資本移動は制限されていたし、各国には自国経済を管理し、安定化させるための行動が認められていた[8]。つまり、冷戦期の西側自由主義経済体制では、国際市場と国内経済との間にセーフティネットを設置することが認められ、

---

[7] 冷戦期にもトランスナショナルな経済問題は生じていたが、それらは逆説的にも冷戦が続いたことによって緩和化された面がある。経済問題のほかにも、たとえば、アイデンティティの問題は、イデオロギーの対立に還元され、多様な民族や文化的な軋轢は、冷戦的な状況によって表面化しにくかったといえる。

[8] ブレトンウッズ体制が創設された1940年代には、金融恐慌を招いた短期資本が国際経済秩序を撹乱したという記憶が残っており、多角的な貿易体制を維持し、為替レートを安定させるために各国政府が資本移動を規制するのは当然と考えられていた。

国際市場の圧力から各国をある程度保護する工夫がなされていたのである。

このような福祉国家という戦後の主権国家は、国内秩序のみならず、国際経済秩序を形成する上で市場に対抗する役割を担うことで、国家の主権者としての地位を保ったといえる。しかしながら、そのような体制は、米国の経済的優位と冷戦という条件下で可能となった、いわば国内レベルの介入主義と国際レベルの自由主義の妥協の産物でもあった[*9]。その条件が失われた冷戦後の世界経済（貿易、投資、短期資本移動）の自由化は、先進資本主義諸国のケインズ主義的な福祉国家と資本主義市場経済の両立に困難をもたらし、戦後の西側国際社会の特徴であった福祉国家の仕組みや制度を解体する動きへとつながっていった。

福祉国家の解体への動き、すなわちケインズ主義に代表されるような「大きな政府」に対する見直しの動きは、「小さな政府」と市場における自由競争の実現を目指す、いわゆる新自由主義（ネオリベラリズム）と呼ばれる経済政策思想に後押しされていた。新自由主義における国家・政治の役割は、市場に介入して市場がもたらすさまざまな弊害や問題点を解決したり管理したりすることではなく、市場での自由な経済活動が可能となるような制度を整備することに限定されるべきだとされた。小さな政府と市場における自由競争という新自由主義的な経済政策思想は、先進資本主義諸国のケインズ主義的な福祉政策の硬直化とその弊害の顕在化に対する反応としてもたらされたものであったが、1980年代以降に西側世界全体を巻き込む幅広い潮流になった。さらにそれは冷戦終結後、米国型の市場主義と民主主義が最終的に勝利したとする主張も聞かれるようになる中で、世界規模に拡大していった。

このような思想的潮流に則って、先進資本主義諸国では、政治・行政改革とともに、経済活動に対する税制改革、金融規制緩和、国営・国有企業の民営化などが行われ、福祉国家の制度や仕組みが解体され再編成されて

[*9] ジョン・ラギーは、このような戦後の国際経済体制を「埋め込まれた自由主義（embedded liberalism）」と呼んだ。ラギーによれば、戦後の国際経済体制は市場の効率性と社会的共同体の価値の妥協の産物であり、「経済の自由化が社会的共同体に埋め込まれることになった」という。

いった。つまり、国家の役割や機能が、市場に好意的に、さらにいえば市場で優勢な地位を占めている経済主体にとって好都合に変容していったのである。市場の自由化を進める役割の方が、国内のさまざまな利益を擁護する役割よりも優先される傾向が強くなったといえる。ここで忘れてはならないことは、市場経済の論理による制度の解体や再編の過程が、国際的にも国内的にも、本質的に「政治的」な過程だということである。

以上のように、国家の変容の背景には、1970年代以後の米国の経済力の相対的低下、冷戦の終結、経済政策思想の根本的変化といった国際環境の変化があった。

2）グローバリゼーションと民主主義

さらに重要なことは、このような国家の変容、すなわち全体として市場に好意的な国家への変容が持つ政治的意味や問題点は何かということであろう。国境を超えて統合される市場に適合的なさまざまな国際的合意（多国間協定）に合わせて各国政府が国内の法制度を再編成していくということは、どんな政治的意味を持つのか。またそのときに政治的な権力はどのような形でどこに存在しているのか。今日、民主主義は正当な統治システムとして機能しているのか。

政治的な権力のあり方は、経済のグローバリゼーションによってかなり変容してきている。すでに述べたように、経済のグローバリゼーションにより、多国籍企業および資本家層であるビジネスエリートたちは国境を超えた組織化を図り、国家を横断するようなタイプの新しい権力主体として、主権国家や国際機関の政策過程に介入するようになっている。つまり、これらの市場内部の私的な社会勢力が、国家や国際機関に対して、自分たちが市場でより有利に行動できるような「正しい」制度、たとえば金融制度や課税制度作りを要請するようになったのである。その要請に沿った国際的な諸制度を実際に作り、グローバリゼーションを推進してきたのが、経済面では、IMFやWTOのような国際機関であった[*10]。

このような状況において、現在の国家は、国内での利益に関する議論が十分なされないまま、多国間で先に決められた諸制度、すなわち市場内部

の私的な社会勢力の意向が重視された国際的な政治経済制度を、国内的な制度にしていくという役割を担うことになる[*11]。もはや、国家は国民の利益を反映する役割を十分に果たしているとは言い切れなくなってきている[*12]。さらに、国際社会においては、そのような国際的な政治経済制度を国内的な制度にできるかどうかが、各国の政府が正当に機能しているか否かの重要な判断基準の1つとなってきている。特に途上国は、国際的な政治経済制度を受け入れることが融資の条件（コンディショナリティ）として課せられることも多い。さらに途上国では、国際機関や民間の格付け会社から、国の経済制度や経済政策が正当で効率的ではないと判断されると、「投資不適格国」の烙印を押され、外国からの投資が滞ってしまうこともある。このようなケースでは、実質的な政治権力が、各国政府から、市場内部の私的な社会勢力の意向を重視する国際機関へと移っているように見える。つまり、グローバリゼーションの進展に伴って、主権国家の政治的機能が政治システムの外部に拡散するようになったように見えるのである。

　このようなグローバリゼーションに伴った政治権力のあり方の変容は、主権国家の統治システムとしての民主主義のあり方に大きな問題をもたらしている。すなわち、「民主主義の空洞化」、「民主主義の赤字」という問題である。その根本的な要因は、政治の本質をなす社会的な意思決定が、統治システムの外部、すなわち選挙によって国民の民意を問われることのない領域で決定されるようになったことにある[*13]。議会や普通選挙があり投票結果による政権交代があるように、民主的な制度や組織はこれまで

(*10) それと同時に、グローバリゼーションの進展により生じた国際関係上の問題を解決するために、国際機関による国際制度作りが要請されている側面もある。つまり、国際制度についていえば、国際機関はグローバリゼーションを促進してきた側面とグローバリゼーションの管理を行う側面（アジア通貨危機後のIMF改革の動きなど）とがある。
(*11) ただし、国家の役割がすべてそう変わったということではなく、そのような側面が目立ってきたということである。
(*12) 注意すべきことは、国際競争力のある産業や企業が多く国内に存在し、それらが生み出す富の再分配が国内で比較的うまく行われている国では、経済のグローバリゼーションを推進することが「国益」＝「国民の利益」につながるという主張が国民に受け入れられやすく、国民が経済のグローバリゼーション（およびそれを推進する国家）を積極的に支持することにつながりやすいということである。この点について日本人はもう少し敏感になった方がよいかもしれない。

と同じであるが、その中身が違って政治を動かすエネルギーが民主的なものではなくなってきているといえよう[*14]。つまり、近代民主主義の成立基盤であった主権国家の空洞化が進んでいくと、統治システムとしての民主主義も空洞化していく可能性があるといえる。

このように、グローバリゼーションが進展する中で民主主義が危機に瀕しているとするならば、現代の政治課題として現在の民主主義のあり方を問い直し、新しい民主的な制度を作っていく必要があろう。

3. グローバリゼーションの課題

最後に、グローバリゼーションへの対抗策の構想を取り上げながら、グローバリゼーションの政治課題について考えてみたい。

まず、金融の自由化に伴って拡大してきた金融市場をどのように制御・管理するかという課題について考えてみよう。問題の焦点は、金融市場での取引の圧倒的な部分を占める民間の短期資本移動にあった。その特徴は、ヘッジファンドなどの民間の投機的な資金が実体経済とかけ離れた形で大量に流通していることにあった。このような短期資本移動については、2008年に起きた米国発の世界金融危機以降、米国を含む世界各国の政府レベルでは国際的に規制を強化すべきだという意見が強くなってきた。しかし、現在のところ、金融規制強化に向けての国際合意や新たな金融制度の構築までには至っていない。

しかしながら、問題に対する取り組みとして世界的に機運が高まってき

(*13)「民主主義の赤字」という言葉は、EU（欧州連合）での民主主義のあり方を批判的に表現したものである。EUには加盟諸国の市民によって選ばれる欧州議会があるにもかかわらず、実質的には選挙を経ないユーロクラットと呼ばれる欧州官僚を中心に構成される欧州委員会が、欧州全体の政策立案決定過程や立法過程に強力な権限を持っている。この言葉の背景には、市民の意向や政治参加が排除され、多国籍企業や国際機関によって政策決定過程が独占されていることに対する不満があるといえよう。ただし、EUでは、基本条約に修正条項（議会の役割や権限の強化など）を加えることで、この問題は徐々に改善されてきている。

(*14) コリン・クラウチは、選挙で選ばれたわけでもない多国籍企業やビジネスエリート層の意向が政策に反映される一方で、貧しい人々の声が政治に届きにくくなるという特徴を持つ民主主義を「ポスト・デモクラシー」と呼んだ。

ている構想もある。すなわち、トービン税（通貨取引税）と呼ばれる構想である。トービン税とは、ノーベル経済学賞受賞者ジェームズ・トービンが1972年に提唱した税制度構想である。その特徴は、短期資本の動きを規制するのではなく、国境を超えるお金の動きに低率の税金をかけるところと、その税収を発展途上国の債務解消や経済開発のために使うところにある。世界で毎日1兆ドル以上の国際通貨取引があることを考えると、税率が低くてもかなりの金額になる。トービン税の国際的導入は投機的な短期資本移動に相当ブレーキをかけることができ、また途上国開発支援の資金を得ることもできるため、それが実現することを期待している人も多い。また、トービン税の導入は、現在の投機的な投資のあり方を見直し、実体経済と結びついた投資の社会的役割や機能を再評価するきっかけになるかもしれない。やはり重要なことは、問題の原因を作っている非国家的なアクターの現在の行動パターンが変化しないかぎり、問題の解決はあり得ないということであろう。

次に、グローバリゼーションによって空洞化した民主主義をどうするのか、どのように新しい民主的な制度を作っていくのかという統治のあり方にかかわる問題について考えてみよう。問題の焦点は、グローバリゼーションによって国境を横断するようなグローバルな統治（グローバル・ガバナンス）体制が生まれつつある中で、国家の役割が変容することにより国家が空洞化し、民主主義も空洞化してきているということだった。

そこで、いかにグローバルな統治の仕組みを民主的な形に転換し、民衆の声、利益に対応する仕組みに再編成していくこと、すなわち新しい、グローバルな民主主義（グローバル・デモクラシー）を構築することができるかが、今後の大きな政治課題となってくる。

また、この課題を克服することは、実は、現在の国際機関が「正統性」を維持し、国際社会における諸問題（たとえば地球環境問題）の解決に向けて取り組んでいくためにも重要なのである。

グローバリゼーションへの対応を考える際に重要なことは、グローバルな統治体制と「市民社会」（および国家）が単純な対抗関係にあるわけではないということである。なぜなら、グローバルな統治をする側にも

NGO 等の市民社会が参加し、グローバルな統治に影響を及ぼしているからである。こうなると、どこにも決定的な権力がなくなってきているように感じられる。またそれゆえに政治の焦点が非常にわかりにくくなってきているようにも感じられる。つまり、遠藤が指摘しているように、現在私たちは、誰が「敵」で誰が「味方」かが非常にわかりにくくなっている中で、新たな政治の仕組みとその諸問題を考えていかなければならなくなっているのである。

(杉守慶太)

参考文献

コリン・クラウチ、山口二郎監修、近藤隆文訳『ポスト・デモクラシー：格差拡大の政策を生む政治構造』青灯社、2007 年
スーザン・ストレンジ、櫻井公人訳『国家の退場：グローバル経済の新しい主役たち』岩波書店、1998 年
デヴィッド・ヘルド編、中谷義和監訳『グローバル化とは何か』法律文化社、2002 年
伊豫谷登士翁『グローバリゼーションとは何か』平凡社、2002 年
遠藤誠治『グローバリゼーションとは何か』かわさき市民アカデミー出版部、2003 年
田所昌幸『国際政治経済学』名古屋大学出版会、2008 年
正村俊之『グローバリゼーション：現代はいかなる時代なのか』有斐閣、2009 年

15章　日本政治の諸問題

本章のねらい
・日本政治における官僚支配、政治家の質、マスメディアの役割などについて考える
・有権者の立場から日本の政治にどのように対処すべきかを考える
・政治文化の観点から日本の政治を理解する方法を学ぶ

　第二次世界大戦後、わが国の政治は民主主義の理念に基づいて行われることになり、以来半世紀以上が過ぎた。現時点においてわが国に民主政治が一定程度根づいてきていることは間違いないとしても、現状はどうなのか。以下において、「民主主義に立脚した政治」という観点から理念、文化、制度、過程の面でわが国の政治がかかえている問題点や課題をいくつか検討しておきたい。なお詳細については該当する各章で再確認してほしい。

1．理念なき政治

　まず、日本の政治を全体的にながめると、理念の欠如に驚かされる。本来政治は理念を持って将来の社会を構想し、方向づけて行くべきものであり、それを行うのは政治家であるが、きちんとした理念を有する政治家が残念ながら少ない。1993年夏、それまで38年間続いた自民党政権が終わり、大きな期待を持って細川政権が誕生した。しかしこの政権は政治改革を掲げたものの、準備不足のため、また8党派の寄り合い所帯の連立

政権であったため、これというビジョンも打ち出せないままに、わずか8カ月の短命に終わってしまった。これを引き継いだ羽田内閣も社会党が連立政権から離脱したため、再び自民党の政権復帰を許すことになった。数で勝る自民党が社会党の村山富市を首相に担いで実を取ったのである。権力闘争という意味での政治において自民党は非常にしたたかであったといえよう。1950年代後半から常に激しく対立してきた当の相手を前面に立てて政権を取り戻したのである。万年野党できて、細川政権ではじめて政権を手にした社会党にとっても、権力は大いなる魅力であったのであろう。思い起こすと1989年の米ソ和解に続く90年代の世界的混迷の中で、その余波を受けてわが国の堅固な「55年体制」もあえなく崩壊した。したがってわが国の政治には55年体制以後の新しい体制を構築すべきビジョンが早急に必要であった。しかしこの政権は自民・社会両党の利害の一致が産んだ野合でしかなく、日本社会の大きな舵取りは望むべくもなかった。村山内閣以降、連立政権ながら自民党が中心的位置を占め、橋本、小渕、森の各内閣が組織されてきたが、どの内閣も続出する当面の問題に対処するので精一杯といった状態であった。その点では「構造改革」を全面に押し出し、郵政民営化をはじめ種々の改革に意欲を示した小泉純一郎首相はビジョンを掲げた数少ない例であるが、結果が伴っているとはいい難い。わが国の政治においてなぜ理念や構想力が欠如しているのであろうか。理念や構想力を持ち、それを実現させるのは政治家に必要とされる能力・資質であるが、われわれ国民はそのような政治家を育ててこなかった。またわが国においてはそのような政治家が育ちにくい事情もある。なぜそうなのかを考えてみよう。

　民主政治の下では権力は選挙によって争われる。したがって権力追求者である多くの政治家にとっての最大関心事は、次の選挙に当選することである。「猿は木から落ちても猿であるが、政治家は一度落ちればただの人」といわれるように、彼らは選挙で落選し、権力を失いただの人になるのが怖いのである。そこで選挙に当選するため彼らは後援会組織を作り、その維持・強化に忙殺される。「金帰火来」という言葉があるように、週末はほとんど選挙区に帰り、後援会活動、地元の諸行事、結婚式や葬式への

参列、選挙民・団体からの陳情受付などに多忙な時間を費やす。火曜日に東京に戻れば、国務や党務や閣務に追われる。一方で選挙や日常の政治活動に多額の金がかかるためパーティーを開いたり、企業や団体を回って資金集めをしたりといった具合で、国政の課題や将来像をじっくり考え検討する暇がないのが現状である。

政治家をこのような政治家にとどめている責任の一半は、有権者にもある。多くの政治家が資金集め、地元や後援会への利益誘導に奔走するのは、それが選挙での一票に効果があるからである。そうではなく、選挙が真に政策で争われるようになるならば、また今のような偏った、しかも低い投票率に終始することなく、より広範な有権者が投票所に足を運ぶようになれば、候補者や政党は理念や政策作りに磨きをかけることになるであろう。

長期的観点からすれば、世界の歴史的動向を見据えた国作りの構想が要求される。明治時代の初めから、わが国には「欧米に追いつき追い超せ」という国家目標があった。しかしもはや欧米に追いついたとされる現在、また世界が新たな体制構築に向けて激動の只中にある現在、新しい国家目標が緊急に必要であるが、それが一向に見えてこない。中短期的には政界の再編成が重要な課題である。これに関しても政党として結集するための明確な理念（対立軸）が構築されねばならないが、依然としてリーダーシップを発揮する政党も政治家も現れないまま、流れに任せている状態である。

2．政治文化の観点からの問題点

次に、政治文化の観点からの問題点を考察しよう。政治文化とはその社会あるいはその社会を構成する人々に特有の政治認識・政治行動のパターンをいう。政治文化を適確に把握し、それが政治過程をどのように規定し、いかなる問題点を生み出しているかを明らかにすることは、考察を深める上で重要である。ただし政治文化に関しては、一方で強い批判や反論があることを考慮しておかなくてはならない。

それでは日本の政治文化はどのように説明されているであろうか。これに関しては、文化の固有性に着目して「自然村」（神島二郎）、「恥の文化」（ルース・ベネディクト）、「なるの論理」（篠原一）、「同調と競争」（石田雄）、「甘えの構造」（土居健郎）、「タテ社会」（中根千枝）等々さまざまなモデルが提示されている。それらに見られる日本の政治文化の特徴は、権威主義的性格、集団主義的、他者思考的、状況依存的、楽観的態度、「場」の重視（年功序列）、「タテマエとホンネ」、根回し、腹芸、寝技などの言葉で表現される。

　若干説明を加えておくと、権威主義的性格[*1]とは世の中の権威と思われるものに対しては極めて服従的である反面、そうでないものに対しては自らが権威であろうとする性格を意味する言葉である。確かに日本社会はさまざまな領域で序列化がなされ、序列の頂点にあるものを権威として崇めるところがある。政治の領域においては権力者や政府が権威である。われわれは普段あまり気にせずに「天下り」とか「納税」などの言葉を使っている。しかしよく考えるとこれらはいずれも日本人の持つ「お上意識」からくるものであり、わが国においてはお上、つまりは政府や政府官僚が権威として君臨していることを表している。お上にお任せという意識は伝統型政治的無関心や傍観者（観客）民主主義の高まりの一因となっている。派閥は政界のみならず日本社会に広く見られるが、これは「恥の文化」で説明される。恥は他者（他人、世間、多数意見など）との関係を常に意識する中で、他者と異なる思考や行動をした場合に感ずるものであり、日本人は極力恥をかくことを回避しようとするという。全会一致、横並び、護送船団方式、派閥等々の集団主義的現象はそうしたことの表れとも見てとれる。状況依存的、楽観的態度については「なるの論理」から導き出される。「なる」とは「なるがまま」、すなわち状況に逆ら

(*1) 権威主義的性格についてはアドルノらの研究によっていっそう深められることになるが、彼らは権威主義的性格を「力への欲求」に根ざすサディズムとマゾヒズム、人間を外面的基準によってのみ判断するステレオタイプ化した偏見、自主性・自律性を欠いて長じたパーソナリティによる歪められたエネルギーの発動などと特徴づけ、そこからさらなる態度として（1）伝統的な因襲に対する無批判な同調、（2）権威に対する非合理的な服従、（3）弱者への攻撃性、（4）理想主義に対するシニシズムなどを指摘した（『権威華的性格』1950年）。

わずに身を任せることであり、また「どうにかなる」と先行きに対して楽観的であることをも意味する。日本人の思考・行動様式の中にこのような傾向が色濃く存在するといわれる。解決を迫られている危機や難題に直面して政治家も国民も案外鈍感で楽観的なのはこのせいであろうか。

3．政治制度の観点からの問題点

　次に政治制度上の問題点を考えてみよう。わが国は基本的な政治制度として議院内閣制を採用している。もう１つ代表的な制度として大統領制があるが、どちらが優れているかは議論のあるところであり、いずれの制度に拠るにせよ、要はどのように運用するかが問題となる。その点からすると、わが国の場合疑問なしとしない。議院内閣制の利点は、政党を媒介として立法府と行政府とを有機的に結合し、両府の共働によって強力かつ円滑な国政を推進しようとするところに発揮される。その場合の必須の条件は、媒介役の政党が適宜交代することである。常に特定の政党が扇の要の役割を持つとすれば、立法部と行政部が癒着し、政治腐敗がもたらされるおそれが生じてくる。また本来政治的に中立であるべき行政機構（官僚制）が、もっぱら恒常的政権政党に密着し、これに奉仕するという弊害を引き起こすことにもなる。2009 年９月には民主党内閣が誕生し、本格的な政権交代が実現したことは画期的であった。しかしその後の動向を見ていると、不慣れも加わって、制度運営は好結果を得ているとはいい難い。

　選挙制度に関してもいくつか問題点を指摘できる。まず、根本的なこととして有権者の投ずる一票の価値が、わが国においては必ずしも重要とは認識されていないことが挙げられる。いうまでもなく民主政治にとって民意を表す機会である選挙は十分に尊重されなければならない。普通選挙制度が多くの国々に普及してきた現在、重視されているのはそれぞれの有権者の有する一票の価値が平等であるかという点である。その平等性に関しては有権者間の一票の価値の格差は最大限２倍以内というのが、いわば世界的な常識である。しかしわが国においては国会の対応、最高

裁判所の判決、国民の意識、いずれを取ってもこの点に関しては極めて消極的である。民主政治の基本中の基本の問題だけに、ことの重要性をしっかりと認識しておかなくてはならない。

また、相異なる2つの制度を接木した「小選挙区比例代表並立制」は、複雑でわかりにくい上に、常識はずれの結果をもたらすなどの欠点を抱えている。

地方自治制度については、確かに第二次世界大戦後民主化の一環として憲法にも規定され、制度化がなされた。しかし内実はというと、むしろ中央集権制に近い。中央の省庁が行財政運営上の強力な権限を背景に、都道府県や市町村を統制しており、そのため地域の実態にふさわしい個性的なまちづくりが行えない現状にある。「民主主義の学校」ともいわれる地方自治が真に住民のものとならない限り、民主政治が定着したとはいい難い。

4．政治過程の観点からの問題点

第4は政治過程上の問題点について言及するなら、選挙および国民、政治家、議会、政党、圧力団体、官僚（機構）、マスメディアなどの諸アクターが本来期待されている役割や機能を十分に果たしているかどうかという点に検討のポイントがある。個々に列挙すると、国民が政治に対して高い有効性感覚を持ち、日常的かつ主体的な政治への関心と参加が維持されているか、選挙に際し適度の投票率が確保されているか、前近代的な意識が残存し、政治的無関心が蔓延していないかどうか。政治家は次の選挙を考え、利益供与や御用聞きに奔走するあまり「政治屋」とか「政治業者」などと揶揄されることのない、本来の政治家でありえているのかどうか。金権選挙、組織ぐるみ選挙、一票の価値の不均衡、世襲議員などが取り沙汰される中で、選挙の代表機能や正当性調達機能は十分に果たされているか、また現行の厳しい公職選挙法の下で自由な選挙活動が阻害されていないかどうか。議会は民意と遊離することなく、最も重要な使命である審議・立法機能を十分に果たしているか、あわせて行政府を監視し

統制する機能についてはどうか。政党は国民の意思を広く正しく吸収し、それを政治運営に耐え得る政策にまとめあげ、実現に向けての努力を行っているか、そのための党組織が確立されているか、将来の有為な人材の募集・育成に怠りはないか、また与野党それぞれが各々の任務を全うしているか。圧力団体は特定の人たちによって組織され、票と金を武器に（時に不正な手段を用い）、もっぱら特定の対象（たとえば政党や官僚機構、政治家）と癒着し、自己利益の実現にのみ走っていないか。

さらに官僚が予算や法律をはじめとする政策決定過程に強い影響力を行使する結果、官僚政治の弊害を招いていないかどうか。マスメディアは過度の営利追求や娯楽提供に陥ることなく、また民意におもねることなく、正常な世論形成機能を果たしているかどうか。

以上の点についてはいずれも十分とはいえず、むしろ問題山積といった状態である。このような現状を正しく認識した上で、1つ1つ問題を解決していくしかない。政治を良くするというのは途方もなく根気の要ることである。

（秋山和宏）

参考文献

篠原一『日本の政治風土』岩波書店、1983年
山口定・神野直彦編著『2025年日本の構想』岩波書店、2000年
村松岐夫・伊藤光利・辻中豊『日本の政治 第2版』有斐閣、2001年
丸山真男『日本の思想』岩波新書、1992年
山口二郎『ポスト戦後政治への対抗軸』岩波書店、2007年
村松岐夫・久米郁夫 『日本政治変動の30年――政治家・官僚・団体調査に見る構造変容』東洋経済新報社、2006年

索 引

A～Z
A. リンカーン　10,22
B 層　169
C. E. メリアム　48
C. W. ミルズ　42
C. J. フリードリッヒ　41,42
H. アーレント　43
J. ベンサム　24
J. ロック　17,30,42
J. S. ミル　24,72
L. ミリバント　43
M. ウェーバー　48,148
M. フーコー　44
N. プーランツァス　43,44
Politician　143
Statesman　143
T. パーソンズ　42
T. ホッブズ　17,41

ア
アクター　85
圧力政治　138
圧力団体　88,129
天下り　152
天下り・談合　95
アメリカ消費者連盟　137
アメリカ独立革命　19
アリーナ型議会　62,172

イ
委員会中心主義　61
イギリス革命　28
威信　49
一院制　60
一党制　119
一党優位政党制　119

ウ
ヴィスコシティ　94,181

エ
エドマンド・バーク　38,114, 115

オ
王権神授説　16
お上意識　151
オピニオン・リーダー　162
穏健な多党制（限定的多党制）　120

カ
階級的権力モデル　43
会計年度　186
概算要求　188,189,193,194
概算要求基準　188,190,192, 193,198
閣議　64,92
閣僚委員会　92
家産官僚制　149
個所づけ　94
カリスマ　36
関係モデル　41
監獄（パノプティコン）　44
監視カメラ　44
官尊民卑　151
官僚　34
官僚機構　46
官僚主導　155
官僚制　149
官僚制の逆機能　150
官僚組織　34,90
官僚の答弁禁止　151

キ
議院運営委員会　93,181
議員提出法案　176
議院内閣制　23,57
議会制　20
議会制度　55
疑似環境　161
議題設定機能　164
旧・無党派　110,111
共産党宣言　32
行政エキスパート（＝官僚）　33,34
行政国家化現象　33
行政刷新会議,185,193,194, 196
行政事業レビュー　197
行政指導　153
行政府　31,33
強制力　40
行政ロビイング　140
共同体　36
強力効果モデル　164
極端な多党制（分極的多党制）　120
許認可権　153
金帰火来　144
近代選挙の基本原則　24
金融市場　205

ク
草の根ロビイング　136
屈折型無関心　26
クラッパー　163
クレデンダ　48
軍・警察機構　47

索　引 | 223

ケ

経済財政諮問会議　185,186,191,193
経済的自由　29
権威　7,48
権威主義的性格　218
健康保険法　34
原子化政党制　120
現代官僚制　149
現代的無関心　109
限定効果モデル　162
権力　6,7
権力（国家）からの自由　34
権力（国家）への自由　34
権力核　45
権力装置　46,
権力の経済　40,50
権力の（的）資源　6,41
権力分立　29
権力分立制　21

コ

コアビタシオン　59
小泉純一郎　167
後援会　88,94
公共利益ロビー　133,137
交差投票　175
構造化　78
構造的権力モデル　43
国対政治　181
国民主権　29,30
国家　29,31,33
国会　64,143
国会対策委員会　181
国家元首　56
国家戦略室　193,195,196,197,198
国家独占資本主義　32
国庫支出金　94
子ども手当　193,194

コミュニケーション戦略チーム　106
コミュニケーションの2段階の流れ　162
コモン・コーズ　137
コモン・センス　19
コンクリートから人へ　193

サ

ザ　フェデラリスト　20
最低賃金法　34
裁判所　87
裁量行政　94
佐々木毅　43
サルトーリ　78,119,120
参議院　66
産業革命　25,31
産業資本家　28
参政権　33
三バン　145
三種の神器　145

シ

シーリング　190
ジェファーソン　21
シエラ・クラブ　136
事業仕分け　185,194,195,196,197
支持政党　102
支持政党なし　110
支持政党なし層　110,111
市場獲得競争　31
執政制度　55
実態モデル　41
支配の正当性　48
司法警察　47
資本家（ブルジョアジー）　32
市民運動団体　89
市民階級　27,28,29,30,32

市民革命　28,29
市民社会　27,28,31,33,34,35,202
事務次官等会議　177
諮問会議　192
社会契約　19
社会契約説　30
社会契約論　17,38
社会国家　33
社会主義　25,32,
社会的亀裂　78
社会的権力　39
社会的属性　102
自由　29,30
衆議院　66
衆議院解散　63
宗教改革　15
宗教的自由　29
自由権　29
自由主義　16,19,20,29,32
集団噴出　131
自由放任主義　30,32,34
首班指名　63
準・無党派　111
純・無党派　111
準・無党派層　110
純・無党派層　110
省益　155
商業資本家　28
消極国家　33
消極的自由　34
小選挙区制　73,146
小選挙区比例代表並立制　80
消費者同盟　137
上流階級的バイアス　133
所有権の自由　30
新自由主義　208
人民の合意　30
新・無党派　110,111

ス
ステレオタイプ 161

セ
生活保護法 34
制限選挙制 30
政権選択 170
政策コンテスト 198
生産至上主義 35
政治意識 102,108
政治家 90,94,143
政治過程 85
政治機構 45
政治警察 47
政治権力 39
政治権力の機構 45
政治指導者の補充機能 118
政治主導 34,154
政治的資質 146
政治的社会化 100
政治的社会化機能 118
政治的自由 29
政治的神話 49
政治的人間（homo politicus） 146
政治的不平等 31
政治的無関心 37,108
政治的利益集団 129
政治文化 217
政治屋 147
制度 55
政党 91
政党システム 75
政党制 118
政府首班 56
石油カルテル事件判決 153
セクショナリズム 151
世襲議員（二世、三世議員） 145
積極国家 33

積極的自由 34
絶対王政 27,28,29
説得力 40
ゼロ・サム・ゲームモデル 42
ゼロ・シーリング 190
選挙区制 70
選挙権年齢 99,100,101
選挙制度改革 81

ソ
操作 6
操作力 40
族議員 90,179
組織化 35
即効薬モデル 162

タ
代議士 143
代議制 35
代議制民主主義 31
大衆 35,36,37,38
大衆社会 31,33,35
大衆操作 41
大衆民主主義 30,34
大選挙区制 73
大統領制 56
代表制 70
大量消費 35
大量生産 35
大量販売 35
多国籍企業 202
多数者の専制 20,21,24,26
多数代表制 71
脱政治的態度 108
多様性 35,36
団結禁止法 32

チ
地域社会 36

地方自治体への出向 152
チャーチスト運動 23
中選挙区制 146
重複的集団加入 131
直接民主制 19
陳情 95
沈黙の螺旋 165

ツ
通常国会 65,143

テ
帝国主義 32
デュヴェルジェ 9
伝統的無関心 109
天皇 63
天皇の官吏 150

ト
同質性 31,34
統治者意識 152
統治二論 17
投票方式 70
特殊法人 152
独占禁止法 34
独占資本 31
特別国会 65,143
読会制 61
トマス・ペイン 19

ナ
内閣 92
内閣総辞職 63
内閣総理大臣 63
内閣提出法案 93,176
内閣不信任決議案 63
内閣法制局 92

ニ
二院制 60

索引 | 225

二大政党制　76
二党制　119,120
人間疎外現象　35

ネ
ネーダー諸組織　137
ねじれ国会　60,66
粘着性　67

ノ
農業革命　31
納税の義務　30
ノエル＝ノイマン　113,165

ハ
博愛　30
恥の文化　218
バックベンチャー　172
派閥　124
パワーエリート　43
反政治的態度　109
半大統領制　58

ヒ
必要悪（nesessary evi）としての政府　30
ヒトラー　36
平等　29,30
比例代表制　71

フ
福祉国家　33
福祉主義　33
福祉政策　33
婦人有権者同盟　133
普通選挙制　26
普通選挙制度　23,30,33
復活折衝　188,189
復活要求　188
プライミング効果　165

プラス・サム・ゲームモデル　42
フランス革命　18,28,29,38
フランス人権宣言　29
フレーミング効果　164
フロントベンチャー　172
分割政府　57
紛争　4
紛争と政治　3

ヘ
平準化　35
ヘゲモニー政党制　119
変換型議会　62,174
法規万能主義　152
法の精神　18
補助金　94
補正予算　187
骨太の方針　191,192

ホ
ポピュリズム　26,35,37
本会議中心主義　61

マ
マイナス・シーリング　190
マキャヴェリ　147
マスメディア　35,37,38,85,89,157
マルクス　32

ミ
ミランダ　48
民主主義　29,30,33,34,35,36,37
民主政治　30,33

ム
無政治的態度　109
無党派　111

無党派化　111
無党派層　109,110,112

メ
名誉革命　16,17
メディア戦略　106

モ
森喜朗　167
モンテスキュー　18,19

ヤ
薬害エイズ事件　155
夜警国家　25,30,33

ユ
有権者　86
郵政解散　63
郵政民営化　168
郵政民営化選挙　154

ヨ
抑制・均衡関係　56
予算循環　187
予算の重層構造　187
与党審査　177
世論　36,37,157,158
世論調査　159

ラ
ラザースフェルド　162
ラスウェル　146
ラバースタンプ　182

リ
リヴァイアサン　17
利益集団　129
利益集約機能　117
利益団体　88,94,129
立憲君主制　63

立憲主義(constitutionalism)　29,30
立法国家　25
立法者　38
立法府　31,33
両院協議会　63
稟議制　152
臨時国会　65,144

ル
ルソー　18,19,30,38
ルネサンス　15

レ
レク　152
連邦ロビイング規制法　134

ロ
労働組合法　34
労働者階級（プロレタリアート）　32
ロッカン　77
ロビイスト　134,175

ワ
ワンフレーズ・ポリティックス　167

編著者	秋山和宏	日本大学法学部教授（序章、8章、15章）
執筆者	石川晃司	日本大学文理学部教授（2章）
	石突美香	元・明治大学政治経済学部講師（13章）
	入江正俊	日本大学法学部講師（1章）
	椙沢栄一	埼玉女子短期大学学長、商学科教授（3章）
	笹岡伸矢	広島修道大学法学部准教授（4章、11章）
	芝田秀幹	沖縄国際大学法学部教授（6章）
	杉守慶太	成蹊大学法学部・日本大学工学部講師（5章、14章）
	田才徳彦	日本大学法学部・埼玉女子短期大学講師（10章）
	照屋寛之	沖縄国際大学法学部教授（7章、8章、9章）
	宮本満治	日本大学法学部講師（12章）

（50音順）

現代政治過程

2011年4月1日　第1版第1刷発行

編著者　秋　山　和　宏
©2011 Kazuhiro Akiyama

発行者　高　橋　考

発　行　三　和　書　籍

〒112-0013　東京都文京区音羽2-2-2
電話 03-5395-4630　FAX 03-5395-4632
sanwa@sanwa-co.com
http://www.sanwa-co.com/
印刷／製本　日本ハイコム株式会社

乱丁、落丁本はお取替えいたします。定価はカバーに表示しています。
本書の一部または全部を無断で複写、複製転載することを禁じます。

ISBN978-4-86251-090-7 C1031

三和書籍の好評図書

Sanwa co.,Ltd.

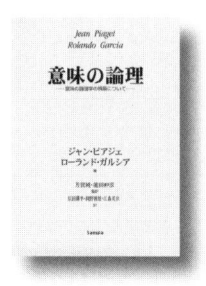

意味の論理
ジャン・ピアジェ / ローランド・ガルシア 著 芳賀純 / 能田伸彦 監訳
A5判 238頁 上製本 3,000円＋税

●意味の問題は、心理学と人間諸科学にとって緊急の重要性をもっている。本書では、発生的心理学と論理学から出発して、この問題にアプローチしている。

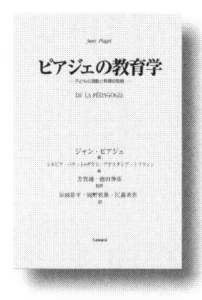

ピアジェの教育学
ジャン・ピアジェ 著　芳賀純／能田伸彦 監訳
A5判 290頁 上製本 3,500円＋税

●教師の役割とは何か？　本書は、今まで一般にほとんど知られておらず、手にすることも難しかった、ピアジェによる教育に関する研究結果を、はじめて一貫した形でわかりやすくまとめたものである。

天才と才人
ウィトゲンシュタインへのショーペンハウアーの影響
D.A. ワイナー 著 寺中平治／米澤克夫 訳
四六判 280頁 上製本 2,800円＋税

●若きウィトゲンシュタインへのショーペンハウアーの影響を、『論考』の存在論、論理学、科学、美学、倫理学、神秘主義という基本的テーマ全体にわたって、文献的かつ思想的に徹底分析した類いまれなる名著がついに完訳。

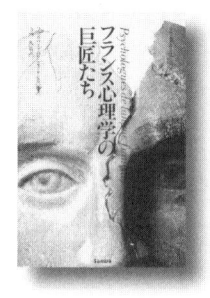

フランス心理学の巨匠たち
〈16人の自伝にみる心理学史〉
フランソワーズ・パロ／マルク・リシェル 監修
寺内礼 監訳　四六判 640頁 上製本 3,980円＋税

●今世紀のフランス心理学の発展に貢献した、世界的にも著名な心理学者たちの珠玉の自伝集。フランス心理学のモザイク模様が明らかにされている。

三和書籍の好評図書

Sanwa co.,Ltd.

増補版　尖閣諸島・琉球・中国
【分析・資料・文献】

浦野起央 著　A5判　上製本　定価：10,000円＋税

●日本、中国、台湾が互いに領有権を争う尖閣諸島問題……。筆者は、尖閣諸島をめぐる国際関係史に着目し、各当事者の主張をめぐって比較検討してきた。本書は客観的立場で記述されており、特定のイデオロギー的な立場を代弁していない。当事者それぞれの立場を明確に理解できるように十分配慮した記述がとられている。

冷戦　国際連合　市民社会
——国連60年の成果と展望

浦野起央 著　A5判　上製本　定価：4,500円＋税

●国際連合はどのようにして作られてきたか。東西対立の冷戦世界においても、普遍的国際機関としてどんな成果を上げてきたか。そして21世紀への突入のなかで国際連合はアナンの指摘した視点と現実の取り組み、市民社会との関わりにおいてどう位置付けられているかの諸点を論じたものである。

地政学と国際戦略
新しい安全保障の枠組みに向けて

浦野起央 著　A5判　460頁 定価：4,500円＋税

●国際環境は21世紀に入り、大きく変わった。イデオロギーをめぐる東西対立の図式は解体され、イデオロギーの被いですべての国際政治事象が解釈される傾向は解消された。ここに、現下の国際政治関係を分析する手法として地政学が的確に重視される理由がある。地政学的視点に立脚した国際政治分析と国際戦略の構築こそ不可欠である。国際紛争の分析も1つの課題で、領土紛争と文化断層紛争の分析データ330件も収める。

オバマのアメリカ・どうする日本
日本のヒューマンパワーで突破せよ！

多田幸雄　谷口智彦　中林美恵子　共編
四六判　並製　278頁　定価：1,800円＋税

●100年に一度と言われている金融恐慌、日本全体を覆い尽くす閉塞感。その発端となった米国では、初の黒人大統領・オバマ政権が誕生。国内はもとより世界中から大きな注目を集めている。その米国と日本が今後うまく付き合っていくにはどうすれば良いのか？　マスコミ、日本語教育、親日・知日派の人材育成、NPO法人といった視点から、民間の活力による米国との新しい関係のあり方を提案する。

三和書籍の好評図書
Sanwa co.,Ltd.

政治家は言葉を磨け！？
発言力
秋山 和宏・石川 晃司・照屋 寛之 著
A5判　並製　432頁　本体 1,860円+税

● 90年代の政治家278人の熱弁、激論、失言などを反論や批判もとりまぜて収録。政界再編、日米関係、税制など項目別に分け、詳しい解説やコメントを添えているので10年間の政治の流れがよく理解できる。

発言力2
国会劇場 上・下
秋山 和宏 監修
A5判　並製　上巻144頁 下巻172頁　本体 各1,260円+税

●本書は、様々な局面における政治家の様々な発言を収録しており、それらの発言を通して日本の政治の実態を読み取ることが出来る。同時に、政治家の発言を通して、20世紀から21世紀にかけての日本の世相をも読み取ることが出来る資料性の高い内容となっている。

発言力3
小泉内閣検証
秋山 和宏 監修
A5判　並製　258頁　本体 3,500円+税

●各政治家の発言を追うことによって、ひとりひとりの考え方がみえてくる。発言に対する解説が書いてあるので、政治背景もわかりやすくなっている。是非本書で小泉内閣を検証し、日本の未来を考えてみませんか？

発言力4
小泉劇場千秋楽
秋山 和宏 監修
A5判　並製　248頁　本体 2,800円+税

●社会を荒廃させ、国民生活を不安に陥れた小泉政治。2003年9月の総裁再選、第1次小泉再改造内閣成立から2006年9月の退陣までを対象とし、政治家の発言を記録、検証する。